JN438640

# 마이너스의 손

# 마이너스의 손

**이성환 수필집**

**수필과비평사**

■ 첫 수필집을 내면서

출판물 홍수 시대에 또 한 권의 책을 보탠다. 내 이름 석 자를 걸고 생산한 '수필'이라는 제품들이 소비자의 기대에 턱없이 못 미쳐 부끄럽다. 인쇄된 것들은 양질의 제품이 되기는커녕 다시 보아도 여전히 부족함이 많다.

평생교육원에서 인문학 강좌를 들은 게 수필을 쓰는 계기가 되었다. 좋은 수필을 쓰기에는 아직도 미흡하지만, 수필은 내 인생을 반추하고 스스로를 다독거려 준 친구요 동행이었다.

그동안 적어 둔 글들을 모아 용기를 내어 세상에 내놓는다. 고지식하게 살아온 지난날에 대한 신변잡기가 주로 글감이 되었다. 삶의 고충이나 애환, 실패를 통해 배운 교훈, 좌절과 희망, 분수와 절제, 추억과 행복으로 진솔하게 담고자 노력했다. 하지만 내가 쓴 글들이 담백하지도 못한데다 누군가에게 즐거움을 주지도 못하는 수준에 머물러 있음을 고백하는 바이다.

수필 한 편이라도 더 넓게 더 깊게 탐색하여 제대로 된 글을 선보이고자 했으나 역부족이었다. 내 천성이 애틋한 감정은 없는데다 온실 속 화초처럼 살아 세상 경험이 부족했다. 사물의 이름을 제대로 몰라 문학적 재능이 없음을 늘 절감한다. 그럼에도 불구하고 소소한 일상을 돌아보며 수필 쓰기를 좋아한다.

한 권의 책이 만들어질 때까지 지도와 편달을 아끼지 않으신 박양근 지도 교수님과 선배 작가를 비롯한 여러 문우님들에게 고개 숙여 감사드리며, 든든한 지원군이 되어 준 가족들에게도 고마움을 전한다.

2022년 여름

**이성환**

| 차례 |



## 제1부 / 마이너스의 손

## 제2부 / 새우깡 한 봉지

## 제3부 / 토큰 지갑

## 제4부 / 또 다른 선택

제1부

# 마이너스의 손

칠천만 원짜리 이발
제복의 심리학
떨켜
마이너스의 손
골프공과 바지락
딜레마
인생의 저울
월광지공月光之功
사이비

# 칠천만 원짜리 이발

하얀 가운이 잘 어울린다. 앉아 있는 그의 뒷모습이 마치 도인처럼 보인다. 한 치의 흔들림이 없는 등판이 왠지 신뢰감을 준다. 목욕탕 평상에 가부좌를 틀고 앉아 티브이를 보는 것도 그가 수행하는 방법 중 하나일 것만 같다. 한가한 시간대인지 목욕탕 이발 코너엔 오늘따라 손님이 뜸하다.

한때는 유행에 따라 미용실도 몇 번 들락거렸다. 여성 미용사가 내 곁에서 머리카락을 자를 때의 부드러운 촉감까지는 괜찮았으나 깎고 난 후의 내 모습이 마음에 들지 않았다. 마치 여성들 커트 머리 같아 다시 목욕탕 이발 코너로 바꿨다.

이태 전 이 동네로 이사 와서 이발할 곳을 찾았다. 집 근처 목욕탕 내 이발소에서 머리를 깎는 데 요금이 단돈 칠천 원이었다. 처음에는 이발 요금이 긴가민가했다. 불과 한두 달 전만 해도 두어 블록 떨어진 옆 동네 이발소에서 일만 이천 원을 주고 깎았기 때문이다. 둘 다 규모가 엇비슷한 목욕탕 이발 코너였고, 남성 헤어스타일은 단순하여 이발 기술 역시 도진개진인 듯한데 가격 차이는 배에 가까웠다.

이발소 주인은 현재 요금이 이십 년 전 가격으로 한 번도 인상하지 않았다고 한다.

"그래도 물가 수준이나 인근 이발소 가격과 형평성을 맞추어야 하지 않나요?"

오지랖이 넓은 내 성격상 참견하지 않을 수 없었다. 그는 인상할 의향이 전혀 없어 보였다. 나로서는 선뜻 그의 생각이 이해가 되지 않았다. 그의 이발 솜씨가 일만 이천 원짜리 이발소와 현저한 격차가 있는 것도 아니요, 기력이 떨어져 노경에 든 것도 아니었다. 십 년 이상 더 일을 계속해도 될 만큼 건강해 보였다. 어찌 보면 바보처럼 어수룩한 구석이 엿보였고 또 어떻게 보면 세상을 달관한 것처럼 보였다.

목욕탕 이발 코너의 주된 서비스는 커트와 염색이다. 이발사가 혼자 있으니 면도까지 해주기에는 힘에 부칠 것이다. 목욕탕이라 그런지 면도 서비스를 받기에는 분위기도 산만한 편이다. 이발관 의자를 뒤로 눕힌 뒤 하얀 거품을 두 뺨과 턱, 입술

언저리에 꼼꼼히 바르고 면도했던 시절. 내 피부는 아직도 그 때의 상쾌감을 기억하고 있다. 이제 면도는 몇몇 동네 이발소에서나 겨우 명맥을 유지하는 신세가 되었다.

내가 보기에 그가 받을 커트 요금의 적정 시세는 일 만원이었다. 시중의 커트 전문점 시세가 일 만원에 육박하고 웬만한 이발소는 일만 이천 원을 받는다. 이발 요금이 고급 카페의 커피 한 잔 값 수준이라니. 칠천 원이라는 시세는 물건을 팔면서 이윤을 남기지 않는 처사요, 헐값에 처분하여 손님의 구매의욕을 자극하는 염가이다.

한 달에 한 번꼴로 들르다 보니 그와 제법 친해졌다. 그의 나이는 칠십이고 네 명의 자녀가 있다고 했다. 그의 막내아들과 내 큰아이가 각각 동갑내기였다. 그는 열아홉 살 때 이발 기술을 익혀 오십 년 동안 외길 인생을 걸었다. 나이 쉰 살 무렵, 제법 벌이가 되다가 퇴폐 이발소 출현으로 고전을 면치 못했다고 한다. 그에게 있어 구식 이발관은 삶의 애환이 깃든 평생 일터였다.

이 동네로 이사 온 지도 어언간 이 년이 지난 지금, 세상이 급변해서 돈 가치가 많이 떨어졌다. 최근에 이발하며 나는 그에게 물었다.

"일이년 사이에 집값은 두 배가 된 데다 모든 물가와 서비스 요금이 죄다 올랐으니, 이제 이발 요금도 올려야 하지 않나요?"

"글쎄요. 손님들도 다 아는 동네 단골들이니 그냥 이대로 둘까 싶어요. 이 나이에 이걸로 벌어먹고 사는 것만 해도 어디에요?"

순간, 생각 없이 내뱉은 말이 부끄럽게 느껴져 그만 입을 다물었다.

그는 삼천 원을 양보하고 무엇을 얻으려 했을까. 일하는 즐거움을 사서 안분지족하려고 하는 것일까. 그의 처신은 얄팍한 상술이 아니라 인생 본분의 값어치에 맞게 살려는 처세관이 아닐까. 그렇다면 칠천 원이란 가격은 제 분수를 아는 값이요 욕심 없는 무욕의 교환가치라 하겠다.

그에 비해 나는 관점이 달랐다. 말끝마다 이것의 '가치가 어느 수준인가?' '얼마인가?'를 입버릇처럼 달고 다닌다. 가치 개념으로 구축된 구조 속에 갇혀 있는 것이다. 이익 극대화와 실리를 신념의 깃발로 앞세우고 자본주의 이념을 신봉하는 나. 내 심중에는 '돈 가치'라는 하나의 기준과 판정밖에 없으니 누군가에게는 내가 형편없는 속물로 보일 수도 있겠다.

내가 나름대로 정해 둔 세상의 구분을 적용하면 '이발 요금 = 만원'이다. 당연히 그래야 한다고 믿어 의심하지 않았다. 반면 그는 사람들이 '요만큼이다'라고 정해놓은 세상이 전부라고 생각하지 않았던 것이다. 그는 재물을 다투지도 않았고 그것을 남에게 양보하는 일을 해도 스스로 자랑하는 빛이 전혀 없었다.

가위질 소리가 잦아들고 이발을 마칠 즈음, 문득 그가 진짜 도사道士가 아닐까 하는 생각이 들었다. 세상의 평판이나 시비에 전혀 동요가 없는 모습. 어쩌면 가치판단에 근거해서 행하지 않고 이 세상을 사실 그대로 바라보는 '무위자연'을 실천하는 건 아닐까. 골치 아픈 철학을 싫어하는 내가 보기에도 그는 사사로움이 없고 자신을 내세우지 않는 사람으로 보였다. 《도덕경》에 "배움을 행하면 날마다 보태지고, 도를 행하면 날마다 덜어진다.(爲學日益 爲道日損)" 라는 문장이 이제야 이해가 되었다. 예전에 이 문장을 '도는 행할수록 점점 줄어드니' 손해 보는구나 여겼다. 글귀의 껍데기만 건성건성 읽는 내 무지함에다 속물근성까지 낱낱이 드러났으니 얼굴이 화끈거렸다.

그는 이발 가격을 아무 생각 없이 정한 게 아닐 것이다. 인위적인 방식을 배제하고 자신이 주인이 되어 세상을 바라본 게 아니었을까. 세상의 변화를 보이는 대로 보고 자기주장을 하지 않는 사람. '반드시 그래야 한다.'는 어떤 고정관념에서 벗어나라고 이발사가 나에게 충고하는 듯했다. 게다가 그는 제값을 받지 않고 삼천 원을 이웃에 되돌려 주었다. 그는 표시 나지 않게 지역 사회에 기부까지 하는 것이다.

이발을 마치고 요금으로 만 원짜리를 그에게 내밀었다. 그가 거스름돈이라며 삼천 원을 돌려준다. 내 손에 쥔 지폐 석 장의 무게가 묵직하게 다가왔다. 세상을 다르게 보는 행복한 이발사에 의해 완성된 헤어스타일은 칠천 원이 아닌 칠천만 원의 값어치를 했다. 거울 속에 비친 내 머릿결이 오늘따라 유난히 윤기가 좔좔 흐른다.

# 제복의 심리학

모처럼 비행기를 탄다. 가족과 함께 제주도 여행을 위한 2박 3일 일정이다. 행락객으로 제법 붐비는 공항에서 제복 차림의 사람들과 마주친다. 왠지 그들에게 정감이 간다. 업무 시간에 멋진 옷을 입고 일하는 건 그들만의 특권이다.

공항에서 일하는 직원들의 복장은 믿음이 가고 신뢰를 준다. 내근직의 근무복도 보기 좋지만, 조종사나 승무원들의 제복은 더 맵시가 있다. 깨끗하게 다림질되어 있으니 보는 사람까지 기분이 좋아진다. 그들은 항공이라는 특수성 때문에 더더욱 언행에 신중할 것 같다. 얌체 같은 승객에게도 친절할 수밖에 없는 건 제복 때문이다. 서비스 정신이 투철해서라기보다는 비행기의 안전을 위해 손님의 비위를 맞춘다. 기내에서 난동을 부리면 대형 사고로 이어질 수도 있는 까닭이다.

제복은 어떤 집단의 가치나 팀워크를 상징한다. 요즈음에는 유니폼이란 말이 더 많이 쓰인다. 유니폼을 입으면 소속감과 일체감을 느껴 개인의 개성이 복장 뒤로 숨는다. 그렇다고 사생활까지 제복을 입은 마냥 행동할 필요는 없다. 제복을 착용할 때 자신의 역할과 책임을 다하라는 의미일 것이다. 옷을 입은 사람의 신념이 밖으로 표출되는 게 제복의 심리학이다.

제복이라면 군복을 빼놓을 수 없다. 군복은 군대의 제복이다. 정복을 입고 사열이나 행진하는 모습은 보는 사람을 가슴 벅차게 만든다. 유럽의 궁전을 지키는 보초병처럼 '멋짐'이 폭발하면 젊은 여성들의 가슴을 설레게 할 것이다. 다림질로 빳빳한데다 멀리서도 식별이 잘 되는 화려하고 박력이 넘치는 옷이다. 복장에 매료되어 남자들은 군에 지원하는 동기가 되기도 하고, 여자들은 제복 애인을 고르기도 한다. 이런 멋진 제복도 잘못된 이념의 꼭두각시 노릇을 한다면 잔인한 피를 부른다. 제복만큼 무서운 것도 없다.

가족 사진첩에는 제복을 입은 내 모습도 보인다. 초등학교부터 고등학교까지 입었던 교복, 군대 시절의 군복이 그것이다. 싱그러운 느낌을 주는 건 역시 학생복이다. 학교는 학생의 집안이 부자건 가난하건 같은 복장을 요구했다. 덕분에 나처럼 가난한 학생들 얼굴에도 주눅이 들지 않도록 하는 팩과도 같았던 게 교복이었다. 군복은 내 얼굴을 구릿빛으로 영글게 했고 자신감을 넘치게 했던 배터리였다. 내 지나간 청춘을 빛내주거나 보호막이 되었던 것은 다름 아닌 교복과 군복이라는 제복이었다.

우리 주변에서 많이 접하는 제복은 군인이나 경찰직, 소방직의 제복이지 싶다. 그들은 국민의 생명과 재산을 지키기 위해 자신의 목숨까지도 기꺼이 희생한다. 제복을 입지 않았다면 굳이 자신의 생명을 담보로 잡히지 않았을 것이다. 일례로 경찰관의 제복은 도움이 필요한 곳에 언제든지 경찰이 있다는 사실을 알려준다. 공권력의 상징이자 치안의 주체이니 경찰의 존재는 매우 중요하다. 그들에게 법적으로 폭력을 행사할 권한 등 특권을 부여하는 이유는 다수의 믿음 때문이다. 불의와 불법에 타협하지 않는 정의로운 경찰이자 소명의식이 마음의 바탕일 것이다.

직업인의 제복은 명예와 신용의 상징이다. 고객이나 민원인을 품위 있게 모시겠다는 의지가 엿보여야 한다. 같은 제복을 입고 있어도 모두 친절하거나 제 역할을 다하는 것은 아니다. 기분에 따라 손님을 응대하거나 타성에 젖어 건성으로 일하는 제복을 보면 왠지 불편하다. 불친절한 제복은 대개 고액 연봉과 좋은 대우를 받는 직장에 많다. 어쩌다 그런 제복을 보면 괜히 심술이 난다. 당신 급여를 주고 있는 게 누구냐고 따지고 싶지만 꾹 참고 돌아선다.

나도 한때 은행 직원으로 있었다. 남자 직원의 기본 복장은 양복을 착용해야 했다. 하얀색 와이셔츠를 입고 넥타이를 매어야 고객들도 안심하고 돈을 맡겼다. 여자 직원은 계절마다 다른 유니폼을 입었다. 정직과 신용을 상징하는 제복이나 마찬가지였다. 먹고 살기 힘들었던 시대에 은행에 다니는 자식을 두는 게 당시 부모들의 꿈이기도 했다. 지금은 세태가 변해 은행의 근무 복장은 청바지와 티를 입기도 한다. 은행 유니폼도 시대의 변화에 밀려 역사의 뒤안길로 사라지고 있다.

사람들은 어떤 제복을 보면 경의와 선망의 눈으로 쳐다본다. 연봉이 높거나 권력을 가진 기관에 소속된 경우가 많기 때문이다. 반면 연봉이 낮거나 육체노동을 하는 제복에게는 은근히 낮추어 보고 무시하기까지 한다. 편견과 차별의 눈초리보다는 그에 걸맞은 직무를 수행하느냐로 바라볼 일이다. 제복이란 대충 걸쳐도 되는 그런 의류가 아니다. 지위 고하나 직장을 막론하고 사명감이라는 품격으로 차려입는 옷이다. 책임과 희생정신이 없는 제복은 허수아비의 치장이나 다름없다.

자유복 차림의 직업인들도 눈에 보이지 않는 제복을 입고 있다. 공적인 대민 업무이든, 일반 회사나 소규모 가게에 다니든, 사람이나 동물을 돌보는 직무이든 모두 마찬가지다. 복장은 개성이 있지만, 언행에는 절도가 있어야 한다. 공공직 종사자는 공복公僕 의식이 있어야 하고, 영리를 추구하는 직무도 윤리 의식이 필수다. 생명을 보살피는 소임은 돌보는 상대에 대한 애정이 있어야 한다. 제복이 사람의 정신을 정리정돈하게 만든다.

제복을 입는 순간, 그 사람이 살아온 이력이나 환경은 제복 뒤로 묻힌다. 제복에는 타인의 신뢰가 담겨 있기에 제복을 입으려는 사람은 누구든 그 무게를 감당해야 한다.

# 떨켜

가을바람에 포플러나무 잎새 하나 떨어진다. 예정된 이별임에도 못내 아쉬워 뒤돌아본다. 갈색 톤의 고운 차림새였다가 자꾸만 잎을 떨구던 어느 날, 나목처럼 휑한 모습이 되어버렸다. 낙하하는 나뭇잎의 생이 무상하다. 식물도 사람도 헤어짐은 피할 수 없는 운명인 모양이다.

나무가 수십 년 혹은 수백 년의 삶을 이어가는 비결이 무엇일까. 한자리에서 말없이 자생하는 그에게도 생존 전술이 있을 것이다. 동면하는 동물들처럼 나무도 수분과 온도가 낮은 계절에는 활동을 최소화한다. 혹한기를 맨몸으로 버티려면 주렁주렁 매달린 자식들을 죄다 품에 안고 갈 수는 없을 터.

나무 가까이 가 보니 가지마다 떨켜가 있다. 떨켜는 낙엽이

질 무렵 잎자루와 가지가 붙은 곳에 생기는 특수한 세포층이다. 생김새는 탯줄이 떨어지면서 생긴 배꼽처럼 매끈하기도 하고, 어떤 것은 온갖 풍상을 다 겪은 옹이처럼 굳은살투성이로 보인다.

찬바람이 불기 시작하면 나무는 한차례 변신을 시도한다. 물과 식량은 부족한 데 풀칠해야 할 입이 많으면 동절기를 제대로 넘기기가 어렵다. 아쉽지만 짐을 가볍게 하고 쉬어야 힘을 비축할 수 있을 것이다. 공존이냐 공멸이냐 선택해야 하는 기로에 놓인다. 떨켜가 없다면 나무는 겨울에도 무겁도록 숱한 잎을 달고 지내야 할 것이다.

때가 되면 잎을 떠나보내야 하는 게 떨켜의 과제이다. 영원히 같이할 수 없음을 나무줄기와 가지는 잎과 열매에게 자연스럽게 교육시킨다. 나무는 누가 가르쳐 주지 않았음에도 스스로 떨켜 유전자를 제 몸에 심었다. 떨켜가 작동되지 않는다면 가을에 단풍을 보기 어려울 것이고, 외부의 미생물 침투로 나무는 서서히 누렇게 말라 죽을 것이다. 그것이 나무의 이치요, 사람의 경우 아이를 가르치는 한 방법이 아닐까.

떨켜의 흔적을 통해 자식 사랑법을 뒤늦게 배운다. 지금은 얼추 서른이 가까운 아이들이 어린 시절을 회상할 때, 아빠는 항상 엄하게 다그치는 굳은 표정이었다고 한다. 교육이라는 미명 아래 아이들이 어릴 적에 나는 매로 다스렸다. 큰아이에게 주로 매를 든 것은 거짓말과 학습 태도 불량이 주된 이유였다.

아비로서는 아이의 나쁜 버릇을 바로잡겠다는 명분이 있었지만, 아이는 사춘기에 아빠로부터 맞는 매가 아프고 기분도 나빴을 게다. 내색은 하지 않지만 내심 섭섭했을 것이다. 큰아이는 맏이라는 이유로 매번 동생보다 더 고초를 당했으니 가슴 깊숙한 곳에서 트라우마로 남아 있을지도 모를 일이다.

나로서는 자식이 부모 이상으로 잘 살기를 바라는 게 진심이었다. 하지만 아이의 인격을 무시한 체벌 방식은 분명 잘못된 것이었다. 인생의 한 번뿐인 소년기 시절에 아이가 잘못한다는 것은 나름 호기심의 발로이다. 나는 그 호기심을 버리라고 다그쳤으니 최악의 교육 방식이었다. 당시 나는 아이의 적성이나 관심사는 아랑곳없이 내가 지시한 방향대로 가라고 강박한 셈이었다. 그건 사랑의 회초리가 아니었다. 나는 아이들을 사랑한 게 아니라, 아이가 가져올 우등 성적과 상장을 사랑한 셈이었다. 떨켜처럼 늦가을까지 참고 기다리면 잘 자랄 수 있을 터인데, 아이의 가능성마저 없애 버린 것이다. 늦게나마 내 잘못을 참회하며 큰아이에게 용서를 구한다.

장 자크 루소는 가상의 인물 '에밀'을 훈육하면서 사회적 질서보다 자연적 질서를 더 우위에 두었다. 신분과 계급을 중시하는 인위적 불평등이 아닌, 자연이 가리키는 방향에 따라 걷는 게 행복의 길이라고 주장했다. 말하지 않고 가르치는 방법을 강조했지만 나는 그와 반대로 했다. 뒤늦게 《에밀》을 읽고 후회했으나 버스는 이미 떠난 격이었다. 자연이 스스로 그러하듯이, 아이가 저절로 성장하도록 돕지 못했으니 부끄러울 뿐이다.

콩나물을 키우려면 가끔 물을 주어야 하는데 자주 물을 주면 도리어 시들시들 변한다. 그것은 마치 곡식이 빨리 자라도록 하려고 벼 이삭을 뽑아 올리는 것과 같다. 유독 우리나라 부모들은 자녀가 장성해도 품 안의 자식처럼 생각하는 경향이 많은 듯하다. 본인의 노후대책은 뒷전이고 자식을 위해 희생하는 심정이야 왜 모르겠는가. 그렇더라도 자식에 대한 지나친 집착은 인륜도 순리도 아니다. 자식이 넘어져서 아파해도 스스로 일어설 때까지 기다려주는 게 부모의 역할이다. 부모가 정해놓은 틀 안에 자식을 가두지 않는 것이 자연의 질서에 어울리는 일이 될 것이다.

요즈음 우리 사회에는 어른을 찾아보기가 점점 어렵다. 단호하게 끊을 때는 끊고 막을 때는 막아주는 기둥 역할을 하는 진정한 어른을 만나기 힘들다. 현재를 사는 대다수 사람은 도덕적 해이와 함께 돈과 권력에 혈안이 되어 있다. 떨켜가 자연에서 제 소임을 다하는 것처럼, 어른들은 후세대에게 올바른 길을 알려 주는 역할을 해야 한다.

나는 떨켜 역할을 잘 하고 있을까. 자식 교육도 제대로 못한 자가 사회에서 제 역할을 해내기는 어렵다고 여긴다. 내 주변에서 경우에 어긋나는 일을 보아도 비겁한 침묵으로 일관하며 그 순간을 모면하려고만 한다. '내가 이야기한다고 사회가 금방 변할 수 있을까' 하는 안이한 생각도 없지 않다. 떨켜의 역할로 나무는 생존하는 데, 나는 떨켜보다 한참 뒤떨어진 사람이지 싶다.

나무는 흙에 의지하고 흙과 함께 살면서 흙에 머금은 물을 먹고 산다. 하루에도 수십 번씩 바람에 흔들리고 온갖 벌레와 바이러스의 공격을 받지만, 변함없이 그 자리를 지킨다. 떨켜가 제 역할을 소홀히 하면 아름드리나무도 제 생명을 유지하기 어렵다. 사람들은 나무에서 많은 걸 배운다. 어쩌면 나무보다 더 현명한 철학자는 없는 듯하다.

# 마이너스의 손

가난하다는 것은 재복이 없다는 말이다. 가끔 스스로 가난하다는 생각이 들 때가 있다. 진실로 생활고에 찌든 사람에게는 욕을 먹을 일이지만, 내가 마음먹은 걸 실행할 수 없을 때는 군색함마저 든다. 누군가가 잘 살아보겠다는 포부를 가지고 살다가, 갑자기 빈곤의 나락으로 떨어졌다면 더 서글픈 일이다. 많은 종류의 복 중에서 재복은 누구나 부러워하는 복일 듯하다.

없는 사람들이 살기 힘든 세상이다. 선대부터 가난하여 지금도 궁핍에 시달리는 자는 그러려니 하고 여길 것이다. 반면 젊을 때 고생고생하며 작은 주택을 마련하고, 이제는 일어서 볼까 하던 참에 다시 재산을 잃고 빚더미에 앉은 사람들의 심정은 어떨까. 고생한 보람은커녕 되레 빚잔치를 해야 한다면 절망감은 오죽할까.

어느 날 변호사협회에서 소개를 받았다며, 한 중년 부부가 우리 사무실로 찾아왔다. 맞벌이 부부인 그들은 불과 오 년 전까지만 해도 소형 아파트를 가진 멀쩡한 가정이었다. 당시 남편은 십여 년 계약직 공무원을 하다 퇴직한 상태였고, 아내는 병원 행정직으로 근무하는 급여생활자였다. 중학생인 자녀 두 명과 함께 사는 40대 중반의 그들은 부부 동시 개인회생절차 개시신청을 의뢰했다.

문제의 발단은 남편의 프랜차이즈 창업이었다. 미경험자가 손쉽게 할 수 있는 게 프랜차이즈 업종이다. 본사가 다방면으로 지원하고 있기는 하지만 거액의 시설비는 창업자 몫이었다. 창업 후 몇 년 뒤, 유행과 고객 성향까지 변하여 남편의 사업은 점점 경영이 어려워졌다. 남편 명의로 신청할 수 있는 대출이 한도 초과로 거절되자, 어쩔 수 없이 아내 명의로 대출하여 주기적으로 인테리어를 바꾸다가 빚만 더 늘어났다. 채권자들의 빚 독촉에 못 이겨 거주하던 아파트까지 팔아 빚잔치를 했다. 그럼에도 여전히 수억의 빚이 남았다. 빈곤이 서서히 그들 부부를 삼킬 채비를 했다.

내가 내민 각종 서류에 자필로 적는 남편의 손이 눈에 띄었다. 내 손처럼 육체노동이라곤 해본 적이 없는 곱상한 손이었다. 그가 적은 학력을 보니 어엿한 지방 거점 국립대 출신이었다. 그런 그가 어쩌다가 여기까지 왔을까. 네 식구의 가장으로 생계를 책임져야 하는 부담감에 매상이 올라가지 않아 얼마나 속이 탔을까. 이렇다 할 명예는 없어도 가끔은 아내에게 목돈을 내놓으며 어깨에 힘을 주고도 싶었으리라. 하지만 어쩌랴. 뜻대로 되지 않는 현실 앞에서 좌절하며 남몰래 눈물을 흘렸을지도 모를 일이다.

나도 한때 감당 못할 빚을 짊어진 시기가 있었다. 총각 때는 가난한 부모를 위해 주택담보대출을 대신 짊어졌고, 추가로 은행 돈을 빌려 결혼까지 했다. 주택담보대출 이자 부담을 부모에게 맡기지 못하고 아내 눈치를 보며 대신 내주기 바빴다. 그뿐이랴. 신혼 초에는 타 은행에 근무 중인 친구의 부탁으로 마이너스통장을 개설하여 그걸로 아내 몰래 주식에 투자했다가 일순간 모두 휴지조각으로 날려버린 적도 있었다. 투자 실패와 빚은 가슴을 짓누르고 가족과도 불화하는 가장 큰 원인이 되었다.

최근에도 그런 일이 있었다. 오 년 전에는 퇴직금으로 경기도 소재 아파트에 갭투자를 했다가 삼 년간 마음고생 몸 고생만 잔뜩 했다. 겨우 본전에 팔고 돌아서자마자 그 아파트는 상승하기 시작했다. 삼 년 전에는 거주하던 소유 아파트를 팔고 전세로 갈아탔다. 아파트 분양 물량이 과열 상태라는 인터넷상의 통계를 보고 이사를 결행한 것이다. 전세로 옮긴지 몇 달 후에 집값이 수억 원 상승하여 망연자실하지 않을 수 없었다. 벌이는 일마다 손해를 보니 나는 지지리도 재운이 없는 박복한 사람이 아닌가.

상담이 길어지면서 그도 나처럼 세상 물정을 모르는 책상물림이 아닐까 싶었다. '돈 되는 일'에는 지극히 인연이 없는 그와 나. 더더구나 '돈 버는 재주'에는 수완이 없어 늘 마이너스인 내 손과 그의 손. 그도 나도 돈벌이에 관심은 많았지만 면밀한 사전 분석과 안목이 없었다. 남의 말을 곧이곧대로 믿은 게 잘못일 것이다. 그도 나도 책 냄새는 좋아하지만 돈 냄새는 잘 맡지 못하는 사람인 것은 틀림없다.

그리스 신화 속의 미다스(Midas) 왕은 손으로 만지는 모든 것이 황금으로 변했다. 그는 엄청난 재산이 있었음에도 더 많은 부귀를 탐했다. 가진 게 황금 밖에 없으니 급기야 제대로 먹지도 못했다. 사랑하는 딸을 무심코 안았다가 그 딸마저 금 조각상으로 변하게 하고 만다. 금은보화가 산더미처럼 쌓여 있어도 늙어 갈수록 재물을 축적하려는 인간의 욕심을 보니 씁쓸하기 짝이 없다.

만약 내가 우연히 일확천금을 얻게 되었다면 어떻게 행동하였을까. 모르긴 해도 잠자던 내 허영과 허세가 깨어나 활개를 쳤을 것이다. 평소 음주가무를 좋아하니 부어라 마셔라 기분을 내며 흥청망청했을 것임에 틀림없다. 가진 게 돈 밖에 없으니 손을 벌리는 아무에게나 목돈을 척척 뿌리고 다녔을 터. 그러다 결국 쪽박을 차고 심신까지 피폐되지 않았을까 싶다. 내가 마이너스의 손을 가진 게 어쩌면 불행 중 다행이라는 생각이 든다.

문득 어릴 적 동네에서 자주 했던 땅따먹기 놀이가 생각난다. 공터에 금을 긋고 구석 귀퉁이에 자기 집을 만들어 작은 돌멩이를 출발시켰다. 손가락으로 세 번 튕겨서 다시 자기 집으로 되돌아오면 지나갔던 선 안이 자기 땅이 되었다. 넓은 땅을 차지하려고 돌멩이를 멀리 보내면 한 뼘의 땅도 얻지 못하고 도리어 공격권을 빼앗기기 일쑤였다. 온종일 부지런히 노력해 엄청난 땅을 따 놓아도 엄마가 부르면 땅 한 조각도 가지지 못하고 집에 가야 했다. 더 많은 재물을 가지려고 혈안이 되어 두 주먹을 불끈 쥐고 사는 인생살이도 결국 땅따먹기 놀이와 다름없는 게 아닐까.

부부가 가져온 통장 내역을 보니, 허영이나 낭비벽은 없어 보였다. 네 식구 기본 생계비는 많이 드는데 수입은 쥐꼬리만

한 우리 집과도 같았다. 한 가정의 가장 노릇을 충실히 하기에도 늘 부족하다고 예금 통장이 그를 대신해 말해 주고 있었다. 그도 나처럼 여리고 마음이 가난한 가장일 것이다.

옆에 앉은 그의 아내는 차분하고 현실적인 여성으로 보였다. 가끔 남편을 바라보는 눈길은 어떤 원망도 섞여 있지 않았고 도리어 신뢰하는 모습이 비쳤다. 그것은 절망이 아닌 희망의 눈빛이었다. 사업을 벌이다 실패하고 집문서까지 날린 가장을 불신하는 경우가 다반사인데, 의외의 반응이었다. 궁금했지만 대놓고 묻기는 어려웠다. 재물이 빠져나간 빈자리를 잔정과 온기로 채울 줄 아는 그만의 특별한 비법이 있는 건 아니었을까.

모두가 쉬는 명절 연휴 기간, 삼 일을 나 혼자 출근했다. 의뢰인의 네 식구는 최근에 방 세 칸짜리 집에서 원룸으로 옮겼다. 그들이 단칸방에서 복작이며 지낼 것이 뻔했기에 마음이 급해졌다. 그들이 허리띠를 졸라매고 살아야 할 사오 년 세월은 먼 훗날 아름다운 추억이 되었으면 한다.

지금은 더이상 줄 것이 없는 빈손인데다 남은 것은 나무 밑동뿐일지라도, 가족들이 쉴 수 있게 자리를 내어 주려는 그의 사랑. 그런 가장의 깊은 속내를 헤아리는 아내의 두 눈은 촉촉이 젖어 있었다.

법률에 관계된 일은 사람의 생명을 다루는 직무라 지체 없이 움직여야 한다. 매번 실패만 거듭하고 재물이 붙지 않는 내 손은 항상 마이너스의 손이었지만, 이번 한 번만큼은 나 아닌 누군가에게 결정적인 도움이 될 '미다스의 손'으로 변신하기를. '최종 제출하기'를 누르는 내 손에 신통하고도 강력한 마법의 주문을 걸어본다.

# 골프공과 바지락

골프공이 잔디밭에서 굴러간다. 골프채와 공의 마찰음이 경쾌하더니 어쩌다가 잘 맞은 모양이다. 로켓처럼 궤적을 그리며 날아간 공은 그린 근처에 잘 도착한 듯싶다. 덩달아 내 기분도 상쾌하다.

예전 직장의 동료들과 일 년에 한두 번 골프를 즐긴다. 요즘에는 코로나로 인해 골프장 부킹이 무척 어려워졌다. 변두리인 이곳 남해안 A 골프장이라고 예외는 아닐 터. 회원권을 가졌다고 해도 원하는 시간대에 예약이 힘들다. 해외로 나가던 골프 애호가들과 여행을 즐기던 사람들도 모두 발이 묶인 까닭이다. 내 골프 경력은 십 년이 넘었지만, 점수는 여전히 초보 수준이다. 연습이라곤 하지 않으니 잘 되기를 바랄 순 없다.

매너 게임이라 옷과 장비를 갖추어야 하는 데다 게임 비용도 만만치가 않다.

푸른 잔디를 밟으며 골프공을 찾는다. 열여덟 개의 홀을 거칠 때마다 골프는 뒷전이고 자연의 풍광에 취한다. 경기를 진행하며 가벼운 내기를 하지만, 난 주변을 구경하기에 바쁘다. 나는 본시 승부사 기질이 없고 치열한 경쟁이 수반되는 이득 있는 줄에 아등바등 비집고 서는 성격도 못 된다. 골프를 칠 때마다 기분이 좋아지는 것은 잔디를 밟는 기쁨일 것이다. 발아래 사각사각하는 소리는 아스팔트나 포장된 도로 위를 걷는 것과는 차원이 다르다. 게다가 상쾌한 공기와 운치 있는 풍경은 나를 소풍 나온 아이처럼 신나게 만든다.

주위를 살펴보니 다른 골프장과 달리 초목이 별로 없다. 길가에 핀 갈대와 몇 그루 소나무, 강아지풀과 토끼풀 등 몇 종류밖에 보이지 않는다. 경기 도우미에게 물어보니 이곳은 해안도로와 섬 사이를 매립하여 최근에 조성되었다 한다. 탁 트인 조망을 위해 수목을 최소화하였다고 덧붙였다. 좁은 국토에 땅을 효율적으로 이용한 것이니 무슨 이의가 있으랴마는 난개발을 피해 무수한 생명들은 다 어디로 갔을까 하는 생각이 들었다.

갈대는 모두 국산이 아닌 서양의 팜파스로 심어져 이국적인 분위기가 난다. 그 사이로 드문드문 키가 작고 비쩍 마른 소나무를 심어 놓았다. 키 크고 덩치 좋은 서양 남자들 사이로 깡마른 동양 남자 몇 명이 서 있는 모습과도 같다. 서양화 위주의 전시장에 동양화 한두 점이 섞인 미술관을 보는 느낌이랄까.

저 소나무는 어디에서 살다가 이곳으로 이사를 왔을까. 뿌리 밑에는 염분이 섞여 있을 터인데 영양소는 잘 흡수하고 있는 것일까. 깊은 산속의 이슬을 마시며 살다가 도심 인근의 바닷가로 이사 온 기분은 어떨까. 분명 시골 초가집에 살다가 도시의 아파트로 주거지를 옮긴 느낌일 것이다. 삶의 터전이 사람들에 의해 송두리째 바뀐 소나무들이 제 수명대로 살 수 있을까.

내가 서 있는 자리는 조수가 드나드는 바닷가였을 것이다. 내 발아래 갯벌이 집이었던 조개류를 비롯한 생물들은 다 어찌 되었을까. 육중한 중장비로 매립이 되기 전에 미리 옆 동네로 피신이라도 했을까. 오랜 기간 살아온 터전을 빼앗겼으니 얼마간의 보상금과 이주비라도 달라고 요구하지도 않았을 터. 그저 고집스럽게 버티고 있다가 결국에는 중장비에 박살이 났을 것이다. 침입자인 인간들은 매립공사 일자를 예고했을 리가 만무하다. 그들은 죽음의 공포와 추위, 그리고 굶주림에 서서히 죽었을 것이다. 아니면 거대한 돌덩이에 짓이겨 즉사했지 싶다. 어쩌면 뭇 생명의 무덤 위에서 골프공이 굴러가고 있는지도 모를 일이다.

매립되기 전, 갯벌에는 숱한 생명들이 저마다의 삶을 살고 있었을 것이다. 바지락이나 고둥, 게와 망둥어, 갯지렁이와 미생물들이 해양 생태계의 일원이었다가 하루아침에 파괴된 셈이다. 야들야들한 바지락살을 씹는 맛과 진한 국물을 우려내는 바지락 칼국수의 시원함이 계속 이어질 수 있을까. 키조개도 개체수가 줄어들다가 나중에는 구경조차 못하는 게 아닐까. 갯벌의 수많은 생명체의 목숨과 맞바꾼 것은 다름 아닌 사람들의 여가와 즐거움이었다.

가끔 TV에서 자연 관련 다큐를 본다. 개발이라는 미명하에 아프리카나 남미, 인도의 울창한 살림과 늪지가 점점 좁아지고 있다. 그곳을 터전으로 삼은 식물들이 비명횡사하고 동물들은 갈 곳을 잃는다. 쫓겨난 동물들이 마지막 남은 습지에 모여들면, 사람들의 삶터도 더 이상 안전지대가 못 된다. 식물이 제대로 발육을 못하고 온난화가 지속되면, 동식물의 서식지가 점점 이동하고 바뀐다. 깊은 산림 속의 동물이 민가로 내려온다는 것은 생태계에 이상이 생긴 것이다. 계속 빙하가 녹으면 잠자던 고대의 바이러스가 나오지 말란 법도 없다.

먼 훗날, 유해한 기체는 넘치고 식물들은 광합성조차 할 수 없다면 어찌 되는 것일까. 기후 변화가 점점 심해지면 생태계는 대혼란의 중병을 앓을 게 틀림없을 터. 사람과 동물은 어디론가 쫓겨나거나 강제 이주를 당할지도 모른다. 그럼에도 사람들은 문명의 발전을 핑계 삼아 난개발을 이어갈 것이다. 진정으로 대상을 사랑한다면 자연 그대로의 모습을 지켜주어야 하지 아닐까.

필드 중간으로 가서 내 공을 찾아 다음번 샷을 준비한다. 정신을 집중하여 목표 지점과 골프공을 번갈아 쳐다본다. 잘 치려는 욕심이 앞섰을까. 순간 스윙 자세가 흔들렸다. 결국에는 뒤땅을 쳤다. 골프채로 공을 치지 않고 공 뒤의 땅을 친 것이다. 한 움큼의 잔디 파편이 사방으로 흩어진다. 단란하게 공생하던 잔디와 흙, 미생물들이 졸지에 날벼락을 받았다. 갯벌을 개발해서 마음이 편치 못한 데 나까지 자연을 훼손시키니 더 미안했다.

이 들판이 내 것인 양 군림하듯 골프채를 휘두를 일은 아니다. 풀 한 포기와 흙 한 줌, 작은 돌멩이 하나와 내가 대자연 아래 이어져 있으니 서로 동등한 입장이 아닌가.

# 딜레마

비보가 날아왔다. 주가가 갑자기 곤두박질을 쳤다. 미국의 대형 투자은행이 하루아침에 도산절차를 밟는다고 한다. 그 여파로 세계 각국의 금융시장도 덩달아 휘청거렸다. 금리가 오르고 주택가격이 하락하자, 주택대출금을 기반으로 파생된 신종 금융상품에 문제가 터졌다. 소비자는 대출금을 못 갚고 금융회사는 덩달아 부실에 빠져 도산한 것이다.

금융위기 당시, 나는 은행의 한 변두리 지점에 근무하고 있었다. 담당 업무는 주요 고객의 예금과 펀드 등을 관리해 주는 직무였다. 문제는 이삼 년 전에 가입시켰던 펀드의 가치가 갑자기 반 토막이 된 것이다. 어떤 펀드는 그대로 두면 간혹 회복되는 것도 있지만, 파생펀드는 시간과 조건에 묶여 있어 일정 기간이 지나면 자동 해지되었다.

지점 고객 중 60대 후반의 A 고객이 있었다. 그녀는 억척스러운 우리네 어머니 같은 분이었다. 형편이 넉넉지는 않았지만 한 푼 두 푼 모은 돈과 아들들의 돈을 맡아 저축하는 듯 보였다. 금융위기 이듬해에 만기가 돌아온 그녀의 펀드도 절반 이상 손실이 났다. 그때부터 그녀는 이틀이 멀다 하고 은행에 찾아왔다. 왜 절반 이상 손실이냐고 따졌다. 객장에 다른 손님들이 있어도 아랑곳없이 항의했다. 오히려 고객들이 들으라는 듯 큰소리치며 권유했던 B 직원에게 책임지라며 쏘아붙였다. B 직원과 A 고객은 평소에는 서로 수다를 떨며 제법 친하게 지내는 사이였다. 그런 막역한 사이가 금융위기로 인해 백팔십도로 달라졌다.

나도 그 책임에서 자유로울 수 없었다. 금융위기 발생 전, 나는 A 고객이 가입했던 파생펀드가 비교적 안정적인 투자 상품이라고 생각했다. 60대라도 투자에 적극적 성향이라면 권유할 만하다고 직원들에게 알렸다. 고령자에게도 판매 가능한 펀드라고 교육을 했으니, 고객 입장에서는 나 역시 사건의 종범從犯이 되는 셈이었다. A 고객은 B 직원에게 최후통첩하듯 큰소리를 쳤다.

“내가 손해 본 6천만 원 중에 삼분지 일은 네가 물어내라.

그렇게 하지 않으면 주사酒邪에다 개차반 같은 둘째 아들과 며칠 후에 같이 오겠다!"

"사모님, 신규 가입하실 때 원금 손실이 날 수도 있는 상품이라고 투자설명서로 설명을 다 드렸고, 또 거기에 자필 서명까지 하셨잖아요."

A 고객은 투자에 전혀 문외한은 아니었다. 그녀는 두 마음을 지녔다. 경제가 순탄하면 자본주의의 과실인 수익을 많이 획득하려는 욕망이 하나. 일이 여의치 않으면 육십 넘은 자를 현혹시켜 가입시켰으니 원인 제공을 직원이 했다는 심정이 또 하나일 것이다. 양다리를 걸치고 유리한 쪽으로 움직이려는 심보였을 것이다. 펀드 만기 때 일정 수익을 챙기면 본인의 탁월한 선택이요, 예상이 빗나가면 잘못된 상품을 권유했으니 일정 책임을 지라는 것이었다. 사람이란 어려움에 처해지면 그의 진면목이 드러난다.

A 고객의 돈은 어쩌면 목숨과 같은 것인지도 모른다. 큰애 장가보낼 밑천도 들어있고 둘째 아들이 공장에서 일해 월급 모은 것, 나머지는 본인의 노후자금이 아니었을까. 애써 모은 재산을 은행이 탕진한 꼴이다. 은행이라는 믿음직한 곳에서, 그것도 신뢰가 가는 직원들이 괜찮다고 하였으니 설마 무슨 일이 있으랴 싶었을 것이다. 나와 B 직원은 본의 아니게 사

기꾼이 된 것이다.

그 당시 파생펀드는 정기예금 이자의 세 배가 되었다. 특정 조건이 충족되면 고객에게는 수익이, 은행과 펀드 회사에게는 떨어지는 수수료가 짭짤했다. 고객층이 다양하고 두터운 은행은 판매를 맡고, 펀드 회사는 각종 파생상품을 활용하여 투자 전략을 짜고 자금을 운용한다. 쉽게 말해 입도선매立稻先賣처럼 수확도 하지 아니한 농작물을 염두에 두고 그걸 사고파는 것과 비슷하다. 나와 직원들은 자본주의의 탐욕을 파는 선봉 역할을 맡은 것이다.

펀드는 조심하지 않으면 유리잔처럼 깨어지기 쉽다. 고객의 자산을 관리하는 직원은 돈을 불려줄 수 있는 능력을 갖추어야 한다. 나는 그런 능력이 부족했다. 비록 펀드매니저 자격과 자산관리 자격증을 어렵게 취득은 했지만 모두 무용지물이었다. 자격증을 보유하는 것과 투자할 상품을 정해주고 수익을 내어 주는 것은 전혀 별개였다. 투자에 관한 한 나는 원숭이보다 못했던 것 같다. 자격증이 있다는 건 투자를 하려는 고객들에게 그럴싸한 외양을 보여주는 유인책이었다.

나에게 펀드는 애증이 엇갈렸다. 펀드는 예금과 달리 위험을 안으나 수수료가 높아 은행 수익을 높이는 상품이다. 당시 자산관리 직원의 평가 기준은 펀드와 보험판매가 절대적이었다.

변두리 지점에서는 당장 눈앞의 실적에 전전긍긍해야 했다. 원칙을 중시하자니 개인 실적이 울고, 무턱대고 팔자니 어렵게 모은 고객 돈이 행여 잘못될까 걱정도 되었다. 눈앞의 이익이 먼저냐, 고객 형편과 성향에 맞게 자산을 배분해 주는 도리가 먼저냐. 나는 딜레마에 빠졌다. 은행은 예금과 대출을, 증권회사는 주식·채권과 펀드를, 보험회사는 보험을 취급하는 게 가장 자연스럽지 않을까. 하지만 그건 내 희망 사항에 불과했다.

금융위기가 터지고 이듬해까지, 나는 평생 얻어먹을 욕을 그때 다 먹었다. 고객들 돈은 물론이요, 장모님께서 맡긴 5천만 원도 반 토막 이상 손실을 보았다. 예쁜 딸을 훔쳐 간데다 처가의 목돈까지 까먹었으니 졸지에 도둑 사위가 되었다. 내가 꼬드겨 펀드로 가입시킨 동생의 돈도 역시 큰 손실이 났다. 나는 본의 아니게 일가친척의 신망을 얻지 못했다. 당시 중심가 점포에서 근무했던 입사 동기는 거액의 펀드 손실로 고객과 소송이 걸려 결국 옷을 벗기도 했다. 펀드는 카멜레온처럼 두 얼굴을 하고 있었다.

펀드는 욕망으로 엮어진 금융상품이다. 눈에 보이지도 않고 손으로 만질 수도 없다. 잘 선택하면 돈이 돈을 벌게 하는 좋은 수단이다. 잘못 선택하면 변화무쌍하게 바뀌는 구름처럼 허망하다. 어떤 투자 대상을 어느 시점에 했느냐에 따라 결과는 천양지차이다. 지금 생각하니 부끄럽기 그지없다. 은행 근무를 하면서 많은 사람을 속인 건 아니었을까. 본의 아니게 숱한 사람들을 미혹시킨 죄가 크다.

당시 B 직원은 A 고객에게 시달리며 말 못할 고초를 겪은 데다 집안에 어려움까지 겹쳤다고 들었다. 지금쯤은 그녀가 행복한 일상을 영위하길 빌어본다. 고뇌하던 내 모습이 부끄러운 자화상이 되어 지금은 잿빛 추억으로 남아 있다.

인생도 펀드처럼 선택의 연속이다. 펀드도 인생도 그 끝을 가늠하기가 몹시 어렵다.

# 인생의 저울

아침 출근길, 지하철역으로 가는 길목에 장례식장이 보인다. 다른 길도 있지만 굳이 돌아가지 않는다. 오늘도 어느 망인의 발인인지 운구차가 대기 중이고, 삼삼오오 상주들도 모여 있다. 사람이 죽으면 다시는 돌아올 수 없는 길을 떠난다. 죽음은 살아있는 모든 생명이 짊어져야 할 숙명임을 보여주는 현장이다.

나도 언젠가는 장의차를 타고 먼 길을 떠날 것이다. 마지막으로 이승과 작별할 때 무슨 생각이 들까. 숨 쉬고 말하고 먹고 걷는 일상의 순간순간들이 참으로 소중했다고 절감할까. 빈손으로 떠날 줄 알면서 왜 그렇게 욕심을 부리고 집착했을까. 보지 않아도 삶에 대한 후회와 회한이 밀려들 것 같다.

변호사 사무실에서 근무하다 보니 도처에 널려있는 죽음을 본다. 사건을 수임하여 당사자와 관련된 가족관계서류나 민원서류를 보면 대부분 사망 기록이 나온다. 늙어서 죽는 것이야 그리 원통할 일은 아니지만, 한창 활동할 젊은 나이에 이승을 하직하기도 한다. 본인은 천수를 다해도 남은 자들은 상속재산 분배로 서로 다툰다. 망자가 빚이 많다면 살아남은 피붙이들은 빚잔치에 참석해야 한다. 불참하면 채권자로부터 독촉장이 득달같이 달려든다. 법원은 심판을 맡아 중립적으로 판정을 선언한다.

생전에 법원 문턱에 가본 적 없는 이도 죽어서 소환당하는 경우가 있다. 친생자 문제나 상속 관련 교통정리가 되어 있지 않으면 저승에서 나와 잠시 법원에 출두해야 한다. 죽은 사람이지만 사건의 장본인이므로 법정 심리를 받아야 사건이 종결된다.

서류를 뒤적이다 보면 한 사람의 과거 일생이 엿보인다. 그의 인생에서 영광의 순간은 언제였을까. 최고의 순간을 향해 정진하다가 돌부리에 걸려 넘어져 영영 일어나지 못한 것일까. 힘들고 어려웠던 시절, 고뇌에 찬 당사자의 얼굴이 그려진다. 가족과 함께 즐거운 한때를 보냈던 순간들도 있었으리라. 장사가 잘 될 것 같아 은행 대출을 얻어 사업을 확장했던 자신감 넘친 모습은 어디로 갔을까. 세상일은 뜻대로 되는 게 열에 한두 개 정도인 것을. 가족과의 이별로 인한 상실의 아픔, 이어지는 고독사 장면이 상상이 간다. 법은 실패한 사람이나 속은 사람, 가난한 자를 구제하지는 못한다.

가끔 법정 방청석에 앉아 재판 과정을 지켜본다. 판결 선고 직후에 실형이 확정되어 그 자리에서 구속되기도 한다. 피해자가 가해자가 되기도 하고, 가해자가 피해자가 되는 웃지 못할 상황이 연출되기도 한다. 어떤 피고인은 판사에게 제발 자신을 감옥에 넣어 달라고 사정한다. 삶에 지치고 희망이 없으니 모든 걸 체념한 탓일까. 범죄는 가족이나 학교, 그가 처한 사회적 환경이 중요하다. 소통이 없는 인간관계, 몰인격과 몰염치의 시대에 살고 있을 줄은 법원 밖 사람들은 상상을 못할 것이다. 범죄자는 순간을 참지 못해 거친 분노와 증오가 폭발하여 '묻지마 범죄'를 양산한다.

법은 말 그대로 물이 흘러가듯 해야 하지만 현실은 그렇지 않다. 수백만 원을 훔친 서민은 범죄자가 되고, 수백억 원을 착복한 상류층은 불법 행위를 시인하면 선처를 받는다. 돈과 권력을 쥐고 있는 자가 유리한 게 법이다. 특정한 계층에게 적용하는 법 집행이 편파적인 모습을 보일 때마다 씁쓸한 생각이 든다. 물질 중심의 저급한 정신문화가 우리 사회를 더욱 병들게 하고 있다면 지나친 기우일까.

서양의 잠언 중에 '메멘토 모리'(Memento mori)란 말이 있다. 라틴어로 '죽음을 기억하라' 또는 '너는 반드시 죽는다는 것을 기억하라'는 의미이다. 로마 시대에 원정에서 승리를 거두고 개선하는 장군이 시가행진을 할 때 노예를 시켜서 '메멘토 모리'라고 외치게 했다. 부와 명예를 거머쥐었다고 오늘은 우쭐대지만, 너도 언젠가는 죽는다는 사실을 염두에 두라는 경고였다. 어느 날 죽음의 낭떠러지에 누가 먼저 도착할지는 아무도 모른다.

소송 사건 중 민사 사건이 7할을 넘는다. 채권자와 채무자가 서로 진실 공방을 하며 다툰다. 나는 너에게 열 개를 주었는데 너는 왜 세 개밖에 주지 않느냐고 원망한다. 본인은 회사나 조직을 위해 기여했는데, 반대급부로 덜 받았으니 억울하다고 따진다. 재판에도 보이지 않는 빈부격차의 차별이 엄연히 있다. 서민들은 지금도 유전무죄, 무전유죄의 인식이 박혀 법원을 불신한다.

각종 사건과 다툼은 시시각각 변하는 구름처럼 다양하다. 밑바닥 원인은 대개 돈이나 욕심, 치정 때문이다. 한 사람의 탐욕 때문에 주위의 선량한 사람들을 소송에 끌어들인다. 서로에게 죄를 덮어씌우려고 무고와 위증을 스스럼없이 자행한다.

양측의 주장은 유리한 증거자료를 많이 챙긴 자가 승소할 가능성이 높다. 바르고 양심적인 사람도 상대편의 치밀하고 계획적인 증거 한 장에 무릎을 꿇기도 한다.

쌍방이 주고받더라도 마냥 똑같을 수는 없다. 때로는 많이 주고도 적게 받고, 조금 주었다고 여겼는데 나중에 분에 넘치도록 받기도 한다. 받는데 길들여진 자들은 겨우 셋을 주면서도 생색을 내고, 지금까지 받은 아홉은 당연하다고 여긴다. 곁에 있는 사람들이나 사회가 그를 위해 존재하는 것으로 착각한다. 감사한 마음이나 가치 있는 삶을 부정하니 소송이 끊이질 않는다. 만약 사람들이 주고받는 걸 저울처럼 형평을 맞춘다면, 나중에 행복한 죽음을 맞이할 가능성은 더욱 높아질 것이다.

문득 몇 년 전에 방문했던 구례 소재 운조루雲鳥樓가 떠오른다. 안채로 들어가는 중문에 놓여진 쌀독을 선명하게 기억하고 있다. 쌀독의 마개에는 '타인능해他人能解'라고 적혀 있었다. 아무나 열고 가져가라는 뜻이다. 가난한 자, 굶주린 자, 이념이 다른 자도 가리지 않고 배려한 종가집의 기부 정신에 저절로 고개가 숙여졌다. 준다는 것은 상대를 인정하고 존엄성을 지켜 주는 일이다. 그리되면 다툼이나 분쟁이 발생 될 소지가 없다.

우리는 천년을 살 것처럼 행동하며 죽음을 망각하고 살아간다. 나에게도 언제 저승사자가 옆에 다가올지 알 수가 없다. 내 임종 때는 만면에 웃음을 띠고 이승을 떠날 수 있을까. 내가 늙고 병들어 있을 때, 남의 뜻이 아닌 내 뜻대로 죽음을 선택할 수 있으면 좋겠다.

그나저나 내가 세상에 진 빚을 다 갚고 갈 수 있을지 걱정이다. 나도 그렇지만 세상 사람들도 그럴 것이다. 그게 해결되면 모두의 인생 저울이 균형을 잡을 수 있지 않을까.

# 월광지공月光之功

대입 관문은 인생의 갈림길이다. 이곳 H 대 교문 앞은 논술 시험을 치러온 수험생과 학부모들로 넘쳐난다. 재수생인 둘째 아이와 서울 지리를 잘 아는 나도 그들과 함께 있다. 내 아들도 이 교문을 통과할 자격을 얻어 여기서 공부할 수 있을까. 고사장으로 입실하는 아이의 등을 바라보며 이 학교를 다녔던 친구 J를 떠올렸다.

J와 나는 같은 고교를 다녔다. 그는 이 대학교를 졸업했다. 둘 다 가난한 달동네에서 성장기를 보내고, 대학 진학할 형편이 못되어 인문고가 아닌 실업고를 선택했다. 고교 시절, 우리는 다른 꿈도 있었지만 취직을 우선시하는 취업반에 적을 두었다. 나도 내심 취업과 진학이라는 두 가지 목표 달성을 위해

열심히 공부했다. J는 이 학교와 인연이 있었던지 바로 입학을 했다.

그의 발자취가 남아 있을 경영대 건물 쪽으로 발걸음을 옮긴다. 낡은 건물을 헐고 신축했는지 외관상 현대식 건물이다. 친구의 발자국을 기억하는 건 캠퍼스 둘레길이 아닐까. 겨울로 접어드는 스산한 늦가을이지만 캠퍼스 정경이 낯설지 않다. 큼직한 돌로 지은 교사校舍는 고색창연하다. 아직 떨어지지 않고 매달린 갈색의 단풍잎이 불어오는 바람에 맞서 낙하를 거부하고 버틴다. 그 옆에는 여름내 푸르렀던 단풍나무 이파리가 주홍과 빨간색으로 물들여져 불꽃처럼 타오르고 있다.

약관의 나이에, 그와 나는 입사와 동시에 대학에 합격했다. 다행히 둘 다 입시 성적이 양호한 편이라 서울 소재 대학을 갈 수 있었다. J는 낮에 H 은행에서 일하고 저녁에는 H 대에서 공부했으며, 나는 K 은행에서 근무하고 밤에는 S 대를 다녔다. 우리는 양복 입은 대학생이었다. 지금은 야간강좌 모집 대학이 많지 않지만, 당시에는 야간과정을 개설한 대학이 많았다. 요사이로 치면 알바 해가며 고학을 한 셈이다. 빨간 물감을 머금은 붉은 단풍잎처럼 열정이 넘치던 시절, 그와 나는 바빴고 직장이 달랐다. 가끔 조우하는 정도였다.

야간 대학의 1교시 강의는 오후 6시에 시작했다. 동료 직원들 눈치를 봐가며 서둘러 은행을 나서도, 2교시가 끝날 무렵에야 겨우 강의실에 도착했다. 야근이나 숙직이라도 걸리면 그마저도 못 갔으니 내 성적은 늘 C와 D를 오고 갔다. A 학점을 받은 건 가뭄에 콩 나듯 했다. 지금 생각하니 수업시간을 절반 이상 빼먹었다.

수업은 대개 밤 10시가 넘어 끝났으니 강의실을 나서면 밤이 깊었다. 하늘을 올려다보면 달과 별이 빛났다. 무척 배는 고팠지만 달빛을 머리에 이고 기숙사로 돌아오는 길은 늘 뿌듯했다. 주말에는 리포트 작성하느라 교양 도서 한 권 읽을 여유가 없었다. 미팅이나 캠퍼스 낭만은 남의 일이었다. J와 나는 그렇게 2년을 다니다 서로 멀어져 각자 군에 입대하고 학교를 졸업했다. 우리는 저마다의 삶을 잘살고 있었다.

그러던 98년 6월의 어느 날이었다. J가 다니던 은행이 영문도 모른 채 셔터가 닫혔다. 정부의 퇴출명령이었으나, 정확히 말하면 부실금융기관을 정리하라는 IMF의 지시였다. IMF 사태는 재무상태가 그럭저럭 괜찮았던 은행은 말할 것도 없고, 멀쩡한 대기업과 중소기업도 파산과 부도를 불러 왔다. 각 분야에서 많은 실직자를 양산했다. 제법 중산층이었던 은행원을 빈곤층으로 전락시킨 것도 IMF였다. J도 한순간에 실직자가 되었다. J에게 죄가 있었다면 H 은행에서 신설 D 은행으로 이

직한 게 전부였다.

J의 인생에 혹독한 겨울이 시작되었다. 당시 그의 아내는 만삭의 임산부였고 첫째 아이는 겨우 세 살이었다. 그는 찬밥과 더운밥을 따질 형편이 못 되었다. J는 부동산 중개업을 시작했다. 생각만큼 돈벌이가 되지 않고 인근에 경쟁자가 많아 쓰라린 실패를 맛보고 접을 수밖에 없었다. 눈물 젖은 빵을 먹어 본 사람만이 인생을 안다고 했던가. 그 후 비정규직으로 몇 차례 다른 직장을 전전하다가 마침내 법무법인 사무국장으로 자리를 잡았다. 불굴의 의지와 끈기로 지금은 많은 사람이 찾는 베테랑 법률전문가가 되어 있다.

그를 생각하면 미안한 일이 있다. J가 그토록 어려웠던 시절, 나는 그에게 소주 한 잔도 사 주지 못했다. 무엇이 그리 바쁘다고 잠시라도 그를 위로하지 못했을까. 오히려 그 친구가 나를 챙겨 주었다. 몇 년 전 내가 뜻하지 않게 명예퇴직을 했다 하니, 그는 여러 가지 방도와 충고를 아끼지 않았다. J는 내 적성과 흥미에 맞는 직무를 알아봐 주었고, 실제로 내 취직자리를 마련해 준 은인이다. 실로 나를 알아주는 벗이다.

J를 떠올리며 어둑어둑해진 교정을 천천히 걷는다. 젊은 날의 J가 저녁도 굶은 채 공부를 마치고 걸었던 길일 것이다. 이 길은 퇴근 후 허겁지겁 뛰어 강의실로 가던 나의 길과도 닮았

다. 대학 졸업 후 J가 갖가지 어려움을 고난으로 여기지 않고 헤쳐 나갈 시련으로 단련한 것도 이 캠퍼스 덕분이었을까. 아니면 밤길을 비추어 주었던 그때의 달빛과 별빛이었을까. 바람 불어도 완강히 버티는 저 나뭇잎과 유난히 붉은 단풍잎이 주경야독하던 J와 나의 모습을 떠올리게 한다. 시련에도 좌절하지 않고 나아갈 수 있는 것은 그 시절 IMF가 우리를 단련시킨 건 아니었을까.

교정에는 어느새 어둠이 깔렸다. 시험 종료 시각이 임박하니 학부형들이 어두워진 교정을 총총히 걸어 나온다. 나도 스무 살 시절의 감회를 남겨두고 걸음을 서두른다. 이 캠퍼스 길을 둘째 아이도 햇살 받으며 걸을 수 있으면 좋으련만. 여기서 젊은 날의 꿈과 함께 어려움도 헤쳐 나갈 지혜와 용기를 키우기를 기도해 본다.

# 사이비

초조한 기색으로 누군가를 기다린다. CCTV 화면 속의 여자는, 은행 직원이라며 명함을 건네는 남자가 나타나자 비로소 안도의 한숨을 쉰다. 자연스럽게 돈뭉치를 그에게 건넨다. 생면부지의 사람에게 돈을 맡기면서 추호의 의심이 없다. 범죄자들이 피해자를 얼마나 감쪽같이 속였으면 저리될까. 혀를 내두를 지경이다. 보이스 피싱이 사람을 대면하여 돈을 갈취할 만큼 진화된 것이다.

그들은 은밀하게 접근하는 맹수처럼 피해자가 방심하는 틈이나 약점을 노린다. '가짜'가 '진짜' 행세를 하며 가면을 쓰고 다니니 알아보기도 쉽지 않다. 절박한 심정의 피해자는 상대방이 자기를 도와주려는 사람이라고 착각한다. 근거 없는 악성 댓글로 정신적인 폭력을 가하기도 한다. 피해자는 억울하고 분해 밤잠을 설치지만 이미 엎질러진 물이다.

도처에 가짜가 범람한다. 가짜 뉴스나 헛소문이 유포되면, 사람들은 진위 여부를 확인하지도 않고 퍼뜨린다. 그럴듯한 수익으로 포장된 투자 권유에 현혹되어 생돈을 날리고 노후자금까지 떼인다. 악성 게시물과 댓글의 내용을 보고 대다수 사람들은 가짜의 말이 진실이라고 오해한다. 특정인을 비방하지만, 진실이 밝혀지면 '아니면 말고' 식이다. 가짜는 오히려 더 진짜 같고, 진짜는 오히려 가짜처럼 보이는 세상이다.

우리나라에서 가장 많이 발생하는 범죄 1위는 다름 아닌 '사기'이다. 사기 범죄는 연평균 25만 건에 달한다고 한다. 하루 평균 685건이고, 1시간에 대략 28건의 사기 사건이 현재도 발생 중이라는 통계 수치가 나왔다. 이 정도면 대한민국은 가히 '사기 공화국'이라 할 만하다. 세계보건기구가 발표한 범죄 유형별 국가 순위에 따르면 OECD 37개 회원국 중 대한민국이 사기 범죄율 1위를 기록했다고 한다.

나도 가짜에게 당한 적이 있다. 어느 날 휴대폰 문자로 알 수 없는 결제 내역이 떴다. 휴대전화 컨텐츠 비용으로 55만원이 이번 달 요금으로 부과된다는 내용이었다. 처음에는 '피싱'인가 싶어 무시했으나, 통신 회사로 확인 전화를 해보니 사실이었다. 국제 전화 등 부가서비스를 이용한 적이 없는데 왜 이런 금액이 나왔느냐고 물었다. 알고 보니 누군가가 내 스마트폰에 깔린 메일 계정(gmail)을 활용해 게임 비용으로 썼다고 한다. 해커라는 사이비似而非가 내 명찰을 달고 제 이익을 챙긴 것이다.

사이비는 우리 사회 구석구석을 휘젓고 다닌다. 상냥함과 친절이라는 가면을 쓰고 마음 둘 곳 없는 젊은이들을 특정 장소로 유혹하는 사이비 종교. 입으로는 정의와 형평을 외치면서 뒤로는 제 사익을 챙기는데 급급한 이중인격자. 남의 돈을 떼먹고도 죄책감은커녕 되레 당당한데다 싸구려 물건을 고급 명품으로 둔갑시키는 사기꾼. 권력이나 부에 빌붙어 비위를 맞추고 어제의 말과 오늘의 행동이 다른 가식적인 위선자. 민생은 뒷전이고 내부 정보를 이용하여 제 것부터 챙기는 일부 공직자. 진실과 양심을 저버리고 손바닥으로 하늘을 가리려는 지식인. 서민들 밥그릇까지 뺏어 제 밥통에 넣으려는 기득권 세력. 겉과 속이 다른 표리부동한 요지경의 세상이다.

진짜와 사이비를 구별하기가 쉽지 않다. 사이비인 사람들은 이름과 실제가 일치하지 않는다. 그들은 대개 뛰어난 두뇌와 현란한 언변으로 듣는 이를 혼란에 빠뜨린다. 목적 달성을 위해서는 수단과 방법을 가리지도 않는다. 만약 큰 난리가 일어난다면 사이비들은 자기만을 위한 전투를 할 것이다. 형세가 불리하면 맨 먼저 뒷걸음질 치고, 승전보가 전해지면 가장 먼저 전리품을 챙기려 들 것이다. 사람은 어려움을 당해 보아야 됨됨이를 알 수 있다.

얼마 전 코로나 팬데믹 속에서 몇몇 종교 집단의 문제점이 만천하에 드러났다. 그들이 방역 수칙을 어기고 예배를 강행하는 모습을 보일 때는 안타까운 생각이 들었다. 종교 지도자의 지시를 맹목적으로 수용할 뿐, 대다수는 기본적인 배려나 이해가 없어 보였다. 나는 종교 지도자라면 고매한 인격자라는 선입견을 가졌었다. 최근 몇 년간 언론에 나타난 그들은 사리사욕을 탐하고 거만하며 자기중심적이라는 생각이 들었다. 종교의 자유에도 구속이 따르는 게 아닌가. 종교는 맹신이 아니라 합리성도 있어야 할 것이다.

나는 종교가 없다. 중학교 다닐 무렵, 한때 어머니를 따라 한두 번 종교 모임에 나갔었다. 지금 생각하니 사이비 종교였다. 어머니는 집에서 아침저녁으로 주문을 외고 기도하는 예배를 빠뜨리지 않았다. 밥은 굶어도 예배 시간은 지켜야 했다. 그 모습은 새벽마다 정화수를 떠놓고 자식들 안녕을 비는 옛 여인들의 비손과 별반 다르지 않았다. 예배에 집착하는 종교에 거부감이 생겨 학교 공부를 핑계로 그만두었다.

모든 사이비는 신출귀몰하다. 뜬금없이 나타나 사람을 홀리고 홀연히 사라진다. 그의 출몰은 치밀한 계산을 하고 움직인다. 목표로 삼은 사람에게 우연을 가장하여 자연스럽게 받아들이도록 만든다. 내면의 심리적 불안을 알아채고 이를 역이용한다. 마음을 편안하게 해 주고 영혼이라도 구해줄 것처럼 속삭이는 것이다. 그들의 겉모습은 세밀한 모조품처럼 정교하지만 짝퉁이나 진배없다.

그들은 형체가 보이지 않는 감투를 쓴 도깨비처럼 동에 번쩍 서에 번쩍 한다. 백주 대낮에 주인이 눈을 뜨고 있어도 물건이 없어진다. 나처럼 계정 관리를 소홀히 하는 사이버에도 갑자기 나타나 남의 돈을 제 돈처럼 빼간다. 사기꾼이 득실대고 판을 치는 세상이니 정신을 바짝 차리는 도리밖에 달리 방법이 없다.

어쩌면 나도 사이비에 가까울 듯하다. 겉모습은 성실하고 믿음이 가며 청렴결백한 것처럼 보이나, 실상은 혼탁한 세상에 영합하고 점잖은 척한다. 쉽게 말해 말과 행동이 부합되지 않는다. 그러니 사이비가 아니고 무엇이랴. 〈맹자〉 진심하盡心下편에 "말은 자기 행실을 돌아보지 못하고, 행실은 자기 말을 돌아보지 못한다(言不顧行 行不顧言)."라 적혀 있다. 이 대목은 나를 부끄럽게 만든다.

내 욕심이 멀쩡한 내 눈을 가려서 가짜를 제대로 볼 수가 없다. 얼마나 더 사기를 당해야 가짜와 진짜를 제대로 구분하는 혜안을 가질 수 있을까.

제2부

# 새우깡 한 봉지

버스 좌석
새우깡 한 봉지
그릇
영조와 사도세자
동행
해님과 달님
홍두깨
셈법
꽃댕강

# 버스 좌석

오늘도 출근 버스는 만원이다. 한번 놓치면 10분을 더 기다려야 하니 기를 쓰고 올라탄다. 간신히 첫 계단에 올라섰다. 내 안도감의 한숨과 버스를 꽉 채운 사람들의 몸 냄새로 콧구멍이 후끈 달아오른다. 콩나물시루가 따로 없다는 생각도 잠시, 타인과 언제 이토록 가까이 몸을 맞댄 적이 있었던가 싶다. 삶은 어쩌면 이런 환경을 버텨내는 게 아닐까.

학창 시절에 탔던 시내버스 풍경이 어렴풋이 떠오른다. 등교 시간에는 언제나 지금처럼 만원이었다. 그 시절 버스가 달릴 때면 유리창이 달그락거리는 소리를 냈다. 참 듣기 좋았다. 요즘은 기술이 발달되어 떨림 현상이 거의 없다는 게 차라리 아쉽다. 서 있는 승객의 짐을 앉은 사람이 받아 주는 것도 당연했다. 당시 시내버스도 요즘처럼 복잡했지만 도시락 냄새와 함께 인간미가 넘쳤다. 심지어 요사이 버스는 차체가 육중하여 화물차에 실려 가는 기분마저 든다. 버스 인심도 세상 인심도 많이 변했다.

버스 안쪽의 생김새나 풍경은 예나 지금이나 비슷하다. 운전석 뒤로 좌석이 일렬종대로 줄지어 있어 투박스러워도 소박해 보인다. 등받이에는 러닝셔츠 같은 덮개에 광고까지 새겨져 있다. 노란색 좌석은 경로 우대석이고 분홍색 자리는 임산부 배려석이다. 서 있는 승객이 의지하도록 받침대는 어깨뼈를 드러내 놓고 있다. 높지 않은 좌석은 서민적인 겸손까지 갖추고 있다. 비 내리는 오후에는 사색의 벤치가 되고, 피곤에 절은 직장인이나 학생들에겐 잠깐 졸 수 있는 자리가 되기도 한다. 이래저래 손꼽아 보아도 버스만한 대중교통이 없다.

시내 중심가에 다다르면 대부분 승객이 한꺼번에 내린다. 언제 몸을 맞댔느냐 하듯 사이가 넓어지고 빈 좌석도 생긴다. 내 앞에 앉아 있던 손님도 일어선다. 오늘은 앉아가겠구나 여기는 것도 잠시, 오십 대로 보이는 등산복 차림의 여성이 내 앞을 가로질러 얼른 자리를 차지한다. 첫눈에 봐도 나보다 젊고 건강하다. 자리 쟁탈전이야 어쩌겠느냐만 연장자에게 자리를 양보하는 미덕은 요즘 어디서나 찾기 어렵다. 스쳐 지나가는 만남이니 무슨 예절이 있을까 싶다.

몇 정거장을 더 지나자 빈자리가 제법 생겼다. 그제야 앉아 팔다리의 긴장을 푼다. 푹신하진 않지만 변기에 앉을 때만큼의 편안함을 준다. 세상살이와 밥벌이 외에도 다른 생각을 할 여유가 생긴다. 만원버스에서는 언제 빈자리가 나올까 다른 승객들의 동정만 살피다가 이제야 차지했다. 오늘 생각거리는 당연히 자리에 머문다.

높고 편안한 자리는 부와 명예를 보증한다. 타인으로부터 부러움과 인정도 받는다. 직장인들은 출세의 자리를 위해 생존 경쟁을 벌이고, 운동선수들도 금메달 시상대에 서기 위해 사투를 벌인다. 동물들도 먹이와 물이 풍부한 푸른 초원을 제 영역으로 표시하고 침입자를 경계한다. 사람도 자리가 좁든 넓든 먼저 앉거나 차지하려 든다.

직장에 좋은 자리가 생기면 눈치작전이 시작된다. 인맥을 동원하여 물밑 작업을 하고 조그만 연줄까지 찾아낸다. 때로는 없었던 자리가 누군가를 위해 만들어진다. 실력과 인품이 좋은 자리를 차지하기에 유리하지만 반드시 그런 것만은 아니다. 사전 준비를 철저히 하고, 기회가 생길 때를 대비해 영향력을 가진 자의 눈에 띄도록 미리 접촉해야 한다. 그래야만 버스의 빈 좌석처럼 즉시 차지할 수 있다. 하지만 그 이면에 있었을 험난한 과정은 대부분 드러나지 않는다.

난 직장 의자보다 버스 의자가 더 좋다. 붐빌 때도 있지만 버스 자리는 여러 사람들에게 휴식을 준다. 새벽부터 늦은 밤까지 많은 사람들이 제 몫만큼 앉았다 일어선다. 고단한 자에겐 등받이가 되어주고, 때를 잘 맞춘 이에겐 소파의 편안함을 베풀며, 고민하는 이에겐 공원 벤치 역할을 한다. 특정 좌석을 제외하면 소유권이 따로 없어 누구든 차별하지 않고, 어디까지 가느냐고 물어보지도 않는다. 버스 의자는 움직이는 쉼터라 해도 된다.

반면에 직장의 의자는 크기와 모양과 기능이 천차만별이다. 좌우로 돌릴 수 있는 회전의자가 있는가 하면 깊숙이 몸을 파묻는 안락의자도 있다. 머리를 위엄있게 받쳐주는 고급의자도 있다. 마치 의자가 주인과 함께 명예와 권력을 서로 나누는 것 같다. 종종 버스 좌석에서 폼 잡고 있는 사람들을 보면 직장에서는 어떤 자리에 앉아 있는지 자못 궁금하다.

몇 년 전 늦가을에 성북동에 있는 길상사에 들렀다. 마당 한쪽에 법정 스님이 평소 앉으셨다는 헌 나무의자가 있었다. 스님의 책에서 읽은 기억이 있어 유심히 들여다보았다. 땔나무로 쓰임직한 몇 개의 통나무와 비뚤어진 나무작대기에 얇은 판자를 잇대어 만든 볼품없는 의자였다. 자리는 엉덩이를 겨우 붙일 정도였지만, 앉는다는 본래의 기능에 부족함이 전혀 없었다. 그 자리에 양복 입은 남자나 양장을 걸친 여성이 앉기에는 분명 부자연스럽겠지만, 무소유의 승복이 볼품없는 의자를 세상 어느 의자보다 귀하게 만들었다.

나무의자와 버스 자리가 서로 닮아있다. 복잡하지 않고 단순하다. 만만해서 털썩 앉거나 기대어도 된다. 정도를 넘지 않으려는 절제가 오히려 심적으로 편안함을 준다. 분수를 지키는 정신이 배어 있으니 앉는 사람도 잠시나마 분수의 예법을 배울 것이다.

분수란 분에 넘치지 않는 것이다. 금전적으로든 언행이든 사리를 분별하는 것이 생각만큼 쉽지 않다. 자기 처지를 알고 자기 그릇에 맞게 행하면 다른 사람도 편안해진다. 어느덧 목적지 근처 버스 정류소에 닿았다. 내가 내리는 건지 버스가 나를 내려주는지 알 수가 없지만 오늘 30여 분의 여정이 더 없이 편안하다.

버스에서 내려 걸음을 옮긴다. 내일도 진지하게 버스에 오르고, 내리면 힘차게 걸어야겠다는 다짐을 해본다. 생각해 보니 내가 살고 있는 지구가 곧 버스이고 의자다.

# 새우깡 한 봉지

추억은 사람마다 제각각이다. 아련히 떠오르는 첫사랑 하나쯤 누구나 지니고 살지 않을까. 남몰래 마음을 졸이고 애태우다가 결국 이루지 못하는 게 대부분의 첫사랑이다. 풋풋했던 시절, 익숙한 과자 하나와 함께 연결되는 그때 그 사람은 지금쯤 어디서 무엇을 할까.

새우깡은 다른 과자에 비해 볼품없는 스낵이다. 71년에 출시되어 처음 모양대로 몸통은 휘어지고 빗살무늬가 쳐져있다. 새우를 갈아 넣고 가열된 소금의 열을 이용해 구워내는 생산방식 때문인지 조금 짠맛이 느껴진다. 때깔이 곱고 맛있는 것을 우량으로 쳐주는 이 시대에 달콤하거나 고소한 맛으로 사람을 유혹하지도 못한다. 그래도 내가 유난히 좋아하는 것은 그의 짭조름한 매력 때문이다.

일을 하다가 잠시 휴식시간을 가질 때, 운동을 끝내고 샤워 후 캔맥주 마실 때, 집에서 TV나 영화를 볼 때에도 새우깡은 나에게 좋은 친구가 된다. 일상에 지치고 속상할 때나 울적한 날에 마시는 한잔 술에도 부담 없는 안주가 되어 준다. 게다가 가격도 천원 내외로 저렴해 서민들의 주머니 사정에도 안성맞춤이다.

거리가 어둑해지는 퇴근 시간 무렵. 직장인들은 삼삼오오 술집에 모인다. 본격적인 안주가 나오기 전에 가벼운 주전부리로 땅콩이나 강냉이튀밥, 과자류가 나온다. 새우깡은 소주나 막걸리 안주보다 맥주 안주에 잘 어울린다. 나는 새우깡을 먼저 내놓는 술집을 좋아한다. 술 마시는 중간에도 새우깡을 추가로 시키는 게 다반사이다. 생각 같아서는 메인 안주는 필요 없고 새우깡만 계속 추가하고 싶다. 그러면 주인의 눈총을 받기 십상이요, 꼴에 양복을 걸치고 있는 자의 치사恥事이지만 어쩔 수 없다.

만약 회식 자리에서 술과 함께 각자 좋아하는 과자를 안주로 먹는다고 생각해 보라. 누구는 전병이나 양갱羊羹을 좋아하고, 혹자는 쿠키나 맛동산, 웨하스를 즐길 것이다. 처음에는 입안에 녹을 정도로 감미로운 식감이지만, 시간이 갈수록 물려서 남길 가능성이 많다. 새우깡은 세련미는 없지만 담백한 맛으로 마라톤 선수처럼 장시간 소임을 다하는 게 장점이다.

새우깡은 고급 술집보다 허름한 동네 호프집에서 먹어야 제맛이 난다. 안주를 담는 그릇도 조금은 투박하고 빛바랜 것이어야 한다. 과자 자체가 화려하지 않고 수수한 까닭이다. 다른 과자가 꿀이나 엿, 치즈로 맵시를 부렸다면, 새우깡은 화장기 없는 민낯 그대로다. 생김새도 허리를 숙인 낮은 자세여서 겸손한 매력도 있다. 어쩌다 새우깡을 닮은 사람을 만나면 절로 미소를 짓게 된다. 그가 남자이든 여자이든 바라만 봐도 좋다.

하지만 나에게 새우깡은 씁쓸한 추억을 안겨 주었다. 오래전 군에 있었을 때의 일이다. 제대를 몇 달 남겨둔 어느 날, 누군가 면회를 왔다는 연락을 받았다. 군에 가기 전에 사귀었던 첫사랑의 그녀였다. 입대하기 전날 나를 향해 3년간 기다리겠노라고 자기 입으로 말해 그 말을 곧이곧대로 믿었었다. 그런 그녀가 면회를 와서 곧 있을 결혼 소식을 전했다. 철석같아야 할 언약이 과자 한 개처럼 이렇게 가벼울 수 있는가. 나는 잠시 당황했지만 곧 이성을 찾았다. 무어라 대답했는지 기억나진 않지만, 그녀의 옷자락을 잡고 가지 말라고 매달리지도 않았다.

3년이라는 세월은 서로간의 사랑의 깊이와 절개의 시험 기간이었다. 나는 기다리라고 한 적이 없고 그녀가 먼저 기다리겠다고 했다. 내 사랑은 열정이 부족한 풋사랑이었는지 모르지만, 도리어 그녀가 가엾다는 생각이 들었다. 작은 약속 하나 지키지 못하는 데 나중에 긴 결혼생활은 어찌 믿고 의지할 수 있으랴. 차라리 홀가분하게 보내주고 그녀의 행복을 빌어주는 게 낫겠다는 생각이 들었다.

그 후 제대할 때까지 내무반 회식 때마다, 나는 내 연애관을 웅변처럼 떠벌렸다. 군대 회식이라야 술만 빼고 음료수에 몇 가지 종류의 과자를 놓고 먹는 게 전부였다. 첫사랑의 여자가 고무신 거꾸로 신고 떠난 경험이 있는 나는 늘 똑같은 말을 강조했다.

"여자를 고를 때는 새우깡 같은 사람을 선택하면 좋아. 사람들은 대개 비스킷이나 초콜릿부터 먼저 먹잖아. 그런데 고소하고 단맛이 나는 것은 오랫동안 먹을 수가 없어. 맨 나중까지 손이 가는 새우깡이야말로 마음이 변치 않는 진짜야 진짜!"

제대 후 나중에 들으니 그녀 앞에 나타난 사람은 증권회사 직원이라 했다. 80년대 후반 주식시장이 갑자기 폭등했는데, 월급으로 주식을 받곤 했던 증권사 말단 사원도 거액을 거머쥐게 된 시절이었다. 그녀는 실리적인 현실파였고 나는 낭만적인 순정파였다. 하지만 쉽게 번 돈은 쉽게 나가는 법. 풍문에 의하면 남편이 증권 회사를 일찍 퇴직하고 벌인 사업이 실패했다고 들었다. 결국 그녀도 아이 둘을 낳고 생업 전선에 뛰어들었다는 소문이 마지막이었다.

달면 삼키고 쓰면 뱉는 세상이다. 자신에게 달콤한 이익이 있느냐 없느냐가 우선이고, 옳고 그름은 뒷전이다. 돈이 된다면 정의나 도덕까지도 내치려 든다. 염치는 점점 사라지고, 저만 편하면 그만이라는 얌체가 기승을 부리는 요즈음. 수수하고 꾸밈이 없는 새우깡의 멋과 품격을 우리가 배워야 하지 않을까. 세월이 가도 한결같은 사람은 분명 새우깡의 미덕을 아는 사람임에 틀림없다.

"손이 가요 손이 가. 새우깡에 손이 가요. 아이 손 어른 손 자꾸만 손이 가…."라는 노래는 대한민국 사람이라면 누구나 알고 있는 시엠송이다. 떠들썩한 출시 후 소리 소문도 없이 사라지는 과자 종류가 숱하지만, 새우깡은 여전히 인기를 누리며 사랑받고 있다. 시엠송처럼 한번 먹으면 멈출 수 없는 중독성 강한 스낵이기 때문일 것이다.

새우깡은 보잘것없고 가벼운 과자지만, 그의 나이 벌써 지천명을 넘어섰다. 긴 세월 동안 고통이나 설움을 이겨내려면 깡으로 뭉쳐진 오기가 있어야 한다. 어쩌다 밥상에 올라온 새우젓이 입맛을 돋워 주듯, 고단한 인생길에 세상과 맞서려면 깡이 있어야 버틸 수 있다. 어차피 혼자인 게 인생이다. 아무리 고달파도 자기 삶을 사랑해야 좌절을 이겨내고 꽃을 피울 수 있다. 나의 인생 과자는 누가 뭐라 해도 새우깡이다.

새우깡에는 새우가 녹아 있다. 등이 굽어 구부정하고 살점 없는 새우가 어쩌면 요즈음 내 모습 같다. 아내에게 든든한 의지처가 되지 못하는 빈약한 사랑. 부실한 몸으로 아이들을 새우잠 재우지 않으려고 버둥대는 삶. 내 저렴한 인생판 위에 새우깡 한 봉지 두고 감지덕지하는 것이다.

# 그릇

가끔 재래시장에 들른다. 딱히 무엇을 사겠다는 생각보다 그저 시장터의 생동감이 좋아서다. 입구부터 상인과 손님들로 부산스럽다. 농산물이나 해산물을 벌여 놓고 고객을 부르는 사람, 리어카를 끌고 다니며 과일이나 잡화용품을 파는 행상, 군침 도는 음식을 만드는 먹거리 좌판도 있다. 마트나 온라인 쇼핑몰에서 볼 수 없는 정과 인심을 느낄 수 있다.

정육점과 반찬 가게를 지나면 시장 중간쯤에 주방용 그릇 도매점이 나타난다. 그곳에는 솥과 냄비를 비롯한 온갖 식기류가 층층이 쌓여 있다. 부엌살림 도구로 쓰이는 각종 용기容器가 가게 밖까지 진열되어 있다. 물건은 사지 않고 눈요기를 하느라고 바쁘다.

시장 길 따라 들어선 노점 진열대에는 갖가지 상품들이 즐비하게 깔려 있다. 판매용 농수산물이나 일용품, 먹거리들이 하나같이 제 몫을 다 하려는 그릇들에 담겨 있다. 광주리나 소쿠리, 채반이나 쟁반은 물론, 나무 상자나 종이 박스, 플라스틱 상자도 여기서는 당당한 그릇이 된다. 개장 시간에 따라 채움과 비움을 반복하는 게 시장판 그릇의 숙명이다.

그릇의 쓰임새는 무언가를 담는 데 있다. 의복에 비어있는 부분이 있어야 몸이 들어갈 수 있듯, 그릇은 공백을 통해 사물로 하여금 자기 모습을 드러내게 한다. 넘치지도 모자라지도 않게 하는 것이 그릇의 제 역할이자 소임일 것이다.

박물관에서 고대의 토기를 보면 저절로 눈길이 머문다. 흙으로 빚은 투박한 모습이 자연 그대로를 닮았다. 그 시대 옛사람들의 손길이 표면 곳곳에 남아 있다. 빈자리에는 그들의 숨결과 대화도 숨어 있을 것이다. 출토된 토기는 천 년 전의 햇빛과 바람까지도 머금고 있는 듯하다. 투박하고 거칠어도 플라스틱이나 유리로 만든 것보다 훨씬 친근감이 든다.

비어있는 부분이 백미다. 큰 그릇이 넉넉하여 많이 담기듯, 사람의 인격이나 재능의 크기도 제각각 다르다. 눈에 보이는 겉모습보다 보이지 않는 마음이 더 중요하듯이, 마음과 마음이 먼저 소통되어야 관계를 맺을 수 있다. 인품을 갖춘 사람이

도량이 넓고 두루 신망을 얻는 것처럼.

그릇끼리는 일정한 간격이 필요하다. 사이를 잘 유지해야 그릇이 무탈하듯, 사람 사이에도 일정한 간격을 가져야 할 듯싶다. 마냥 친해졌다고 선을 넘으면 금방 소원해지고, 심지어 다툼이 있으면 법정까지 간다. 그릇처럼 사람도 분수에 맞게 적정한 거리를 두면 타인과 다툴 일이 없지 않을까.

한 손님이 그릇 가게를 나온다. 여러 벌을 구입한 모양인지 겹겹의 비닐봉지를 든 그의 손에 묵직함이 느껴진다. 어쩌면 사람도 저 그릇처럼 누군가 선택하여 어디에 있게 되는 처지가 아닐까. 존귀하고 부유한 집에 인연을 맺는 팔자도 있고, 궁색하고 번잡한 곳에서 뼈 빠지게 일하는 운명이 되기도 한다. 용도에 알맞지 않으면 뒷전으로 밀려나 먼지만 쌓이다가 방치되기도 한다. 그렇지만 쓸모없는 사람이 없듯 쓸모없는 그릇은 없다.

일상에서 수많은 사람 그릇을 본다. 다양한 생김새처럼 사람의 품격도 제각각이다. 제 욕심만 챙기는 데 급급한 그릇, 다른 사람의 얼굴에 흘러내리는 땀방울을 제 소득인 양 담아버리는 그릇, 받을 줄만 알았지 주는 데는 인색한 구두쇠형 그릇도 있다. 덩치는 커 보여도 심약해 부실한 것도 있고, 겉보기에 예쁘고 맵시가 있지만 되바라진 성미로 잘 깨어지는 사기그릇 같은 사람도 있다.

가끔은 호감이 가는 그릇을 만난다. 몸집이 작아도 야무져 못하는 게 없는 재주꾼도 있고, 남의 궂은일을 도맡아 처리하는 해결사, 말이 없고 무뚝뚝하지만 의리에 죽고 사는 의리파도 있다. 이웃이 어려움을 당했을 때 자신의 안위를 내려놓고 재난 현장으로 달려가는 정의로운 그릇, 타인을 위해 감염의 위험을 무릅쓰고 희생과 봉사를 실천하는 그릇. 이런 사람들이 있어 그래도 살만하고 염치가 살아있는 사회인 것을.

큰 그릇과 작은 것의 쓰임은 엄연히 다르다. 작은 사발이 제 분수도 모르고 우두머리가 되면 사달이 난다. 마치 몸에 맞지 않는 옷을 입고 완장까지 찬 우스꽝스러운 모습이다. 속이 꽉 차 있거나 깊으면 조용하고 묵직한 반면, 텅 비어 있거나 아량이 없는 자는 빈 깡통처럼 시끄럽고 실속이 없다. 가끔 능력과 인품이 높은 사람이 저평가되어 작은 일에 쓰이고 있음을 보면 안타깝기 그지없다.

그릇의 미덕은 적절함에 있다. 아무것도 담기지 않았을 때보다 적당량으로 채워지면 더 자연스럽다. 어떤 사람들은 그 빈 곳을 참지 못해 더 많이 담으려고 안달이다. 혹자는 자기 분수를 모르고 욕심으로만 채우려 드니 흘러넘친다. 가득 차면 급기야 엎질러지는 것은 사람의 마음도 마찬가지가 아닐까.

자기 도량의 크기는 얼마만큼 겸손하게 절제하느냐에 달려 있을 것이다.

시장 끝자락에 오니 나물 파는 할머니가 보인다. 팔순 언저리 노인의 이마에 패인 주름살이 옆에 놓인 커다란 광주리의 댓살 같다. 동반한 광주리는 할머니의 생계용 평생 운반 도구였을 것이다. 볼품없는 광주리는 그녀의 삶을 지탱한 큰 그릇이 아니었을까. 광주리는 가족을 먹여 살리는 그릇이요, 그녀가 살아온 삶의 궤적이었을 게다.

내 그릇은 어떠한가. 늘 욕심이 꽉 차 있어 여유라고는 전혀 없다. 큰 어려움을 겪지 않고 살아왔으니 나도 모르게 오만과 과욕으로 철철 넘치는 데도 깨닫지 못하는 게 아닐까. 기존의 틀과 고루한 사고방식에 갇혀 있어 유연하게 사고할 줄도 모른다. 내가 옳거나 바람직하다고 믿고 있는 기준을 바꿀 생각조차 하지 않는다. 이기적이고 옹졸한 마음 그릇이다.

지금 와서 내 그릇을 깨부수고 새것으로 마련하기는 쉽지 않은 일. 내 투박하고 못난 막사발일지언정 가득 채우는 것을 늘 경계한다면 주위 사람들을 넉넉하게 포용할 만큼 거듭날 수 있지 않을까.

# 영조와 사도 세자

네가 군에 입대한 지도 벌써 1년하고도 두 달이 지나가는구나. 그래, 국방부 시계는 잘 가고 있느냐. 힘들고 괴로울 때는 시계의 바늘이 더디 가고, 즐겁고 유쾌할 때의 시간은 총알처럼 빠른 법이다.

아빠도 꼭 삼십 년 전 너처럼 군 복무할 때를 회고해 보니, 그래도 인생에서 가장 마음 편한 시절이 군대 생활이 아니었나 하는 생각이 든다. 왜냐하면 국방의 의무를 다하는 기간만큼은 의식주가 해결되고, 몸은 조금 피곤할망정 걱정이 없는 시기니 말이다.

지난달에는 네 엄마와 함께 영화 '사도'를 관람했다. 아버지인 영조와 아들인 사도 세자의 심적 갈등을 표현한 작품인데,

아버지가 추구하는 공부 방식과 아들이 좋아하는 공부의 관점 차이가 낳은 비극이 영화의 주요 내용이었다. 물론 어릴 적부터 총명했던 사도 세자를 정신병의 일종인 조울증 증세에 시달리게 한 것은 아버지 영조의 과격하고 급한 성격도 한 몫을 했을 것이다. 하지만 이면에는 당쟁이라는 권력 다툼의 희생양이 된 측면이 더 큰 게 역사적 진실일 게다.

아빠는 영화 중반부터 끝날 때까지 서너 차례 흐르는 눈물을 주체할 수가 없더구나. 그도 그럴 것이 네가 중고교 때 학생의 본분인 학업을 게을리한다고 나에게 매를 맞은 게 대여섯 번, 또 거짓말을 한다고 운동장을 수십 바퀴 뛰게 한 것도 여러 차례이니 어찌 아무런 소회 없이 극장을 나올 수 있었겠느냐.

사람에게 있어 공부는 떼어 놓을 수 없는 관계이지 싶다. 학창 시절에는 학교 공부에, 진학이나 취업 공부에, 회사에 입사한 이후나 사업체를 영위하려면 직무 연수에, 결혼을 앞두고는 신부(랑) 수업에, 부모가 되어서는 육아 공부를 해야 아이를 잘 키울 수 있다. 중년이 되어서는 가족 구성원 그리고 조직 속에서 인간관계를 잘 유지하는 법을 연구해야 하고, 노인이 되어서는 늙음과 병듦을 받아들이고 죽음도 초월하는 방법을 깨우쳐야 한다. 그러고 보면 우리 삶 어느 것 하나 공부 아닌 것이 없구나.

내가 알기로 공부는 크게 두 부류로 갈라지는 데 마음 공부와 실용 공부가 그것일 것이다. 마음 공부는 바탕 공부로서 곧 인성교육이다. 취업을 위한 전공이나 스펙 공부는 실용 공부로 지식 교육의 범주에 속할 것이다. 18년간 유배 생활을 하면서도 백절불굴의 정신으로 수백 권의 책을 저술해 낸 다산 정약용 선생도 목민심서 서문에 다음과 같이 언급하고 있다. “군자의 학學은 수신修身이 그 반이요, 나머지 절반은 목민牧民인 것이다(然則君子之學 修身爲半 其半 牧民也).”

그만큼 사람됨에 대한 공부, 인격 수양이 중요하다는 뜻이다. 나무에 비유하자면 마음 공부는 흙에 묻힌 뿌리가 되고, 실용 공부는 그 줄기와 가지가 된다. 주위에서 흔히 보는 높다란 나무가 태풍에도 쓰러지지 않는 것은 눈에 보이지 않는 뿌리가 깊고도 넓게 줄기를 지탱해 주기에 가능한 일이 아니더냐. 사람도 마찬가지다. 타인과 더불어 살아가려는 배려, 심지가 곧아 분노를 조절할 줄 아는 절제가 그것이다. 무엇보다 사람을 소중히 여기는 태도가 화려한 스펙보다 살아가는 데 더 중요하지 않을까. 마음 공부는 겉모습이 아닌 내면을 살찌우는 것과 같으니 말이다.

그러고 보니 아빠도 회사 업무 공부로 말미암아 너를 출산

할 때도 자리를 지키지 못하였구나. 아무리 회사 직무 시험과 겹쳤다지만, 네 탄생의 순간을 함께 하지 못한 것은 분명 아비로서 부끄러운 일임에는 틀림이 없을 터. 그렇지만 생업과 관련된 시험이 아닌, 개인적인 학문 성취나 취미, 정신수양을 위해 자리를 비웠다면 내가 비난받아 마땅할 게다. 처자식을 거느린 가장으로 가족은 내 몰라라하고 마음 공부에만 매달리는 건 어리석은 일이 아닐까.

제 몸만 아끼고 제 마음만 중시하는 공부라면 가장 쓸데없는 공부가 되지 싶다. 일에도 완급이 있듯이 공부에도 순서가 있는 것이다. 군대 생활 절반을 넘긴 지금쯤 너도 이제는 느낄 것이다. 군사 훈련 중에 네가 짊어지고 있는 완전 군장보다 더 무거운 것은 집안 가장들의 두 어깨 위에 얹힌 짐이 아니겠느냐.

일전에 신문을 보니 어느 취업 준비생이 했던 인터뷰 기사가 있더구나. 주변 친구들 중 스펙이 좋은 사람이 여러 명 있는데, 그 친구들조차 번번이 최종 입사 시험에서 떨어지는 걸 보니 도대체 무얼 공부해야 하는지 막막하기만 하다고 말이다. 아빠가 보기에는 취업 준비에서 스펙이나 전공 공부 이상으로 중요한 것은 인격 함양에 있지 않을까 싶다.

이 세상 스치는 모든 일상이 공부이다. 공부는 꼭 책으로만

하는 게 아니다. 세상천지에 널려 있는 모든 만물이 책이다. 그렇다고 독서를 소홀히 하지는 말아야 한다. 독서는 곧 여행과 같다. 매우 적은 돈으로 국내와 해외 여행이 가능하지 않느냐. 예를 들어 2,400년 전 실업자인 공자가 구직 활동을 위해 이웃 나라를 방문하면서 그 제자들과 문답한 내용인 《논어》는 지금 시대에도 적용되는 지극히 현실적인 바탕 공부 교재이다.

또한 군에서 전우들과 잘 지내는 것도 공부이다. 너도 머지않아 분대장이 될 터인데, 만약 어떤 직무의 성공으로 네가 칭찬을 받을 때는 네가 아닌 전체 분대원의 공이라고 대답할 수 있어야 한다. 반대로 일을 그르쳐 분대 전체가 질책을 받을 때는 팀장인 분대장의 잘못이라고 말할 수 있어야 한다. 그것이 곧 마음 공부이다.

네가 제대해서 돌아오면 나는 이제 영조 아빠 노릇일랑 그만두련다. 어떤 일에 직면하여 옳고 그름을 생각하는 것, 얻는 것과 잃는 것을 숙고하고 판단하는 것은 네 몫이기 때문이다. 그렇지만 네가 스스로 "난 못해"를 반복한다면 아빠는 또 언제 영조로 변할지 알 수 없구나.

너의 건투를 빈다.

2015년 늦가을의 어느 밤에.

# 동행

뭇 생명에게는 저마다 살아가는 길이 있다. 곤충은 애벌레로 있다가 껍질을 벗고 여름 한 철의 여정을 시작한다. 어류나 날짐승도 바닷길과 하늘길로 무리를 지어 이동한다. 식물 역시 고착생활을 하지만 엄연히 생명의 순서를 지킨다. 사람에게도 여러 갈래의 길이 앞에 있다. 혼자서 가기보다 같이 가면 서로 의지가 되고 더 멀리까지 갈 수 있다.

저만치 수필이 걸어가고 있다. 나는 종종걸음을 치며 따라붙는다. 그를 만나지 않았더라면 술집과 더 가까워졌을 것이다. 수필과 자주 만나 산책을 하려 해도 내 생업이 자꾸 끼어든다. 수필이 아무리 좋아도 생계가 우선이라고 정색을 하지만, 수필은 삶과 문필이 별개가 아니라고 나를 타이른다.

수필은 바쁜 걸음으로 남들 앞에 앞장서지 않는다. 글자 그대로 뒤따르는 거다. 수필의 '따를 수隨'는 '쉬엄쉬엄 갈 착辵'자가 있어 '길을 가다'라는 의미가 있다. 잰걸음보다는 느린 걸음이 걸맞다. 수필이 순식간에 피는 화려한 꽃길이라면 적성에 맞지 않아 벌써 그만두었을 것이다. 수필이 다니는 길은 찻길보다 산책로가 알맞고, 큰길보다는 호젓한 산길이나 골목길이 어울린다. 수필은 생활 속 작은 소재에 숨어있는 가치를 찾아 아름다움으로 표현하는 예술이다.

나에게 수필은 삶의 나침판이자 등대이다. 밤중에 길을 가려면 불빛이 필요하고 그마저 없으면 하늘의 달과 별이 가로등이 된다. 별자리를 보고 방향도 잡는다. 망망대해에서 항구까지 항해하는 여정은 노련한 선장에게도 쉽지 않다. 거친 파도와 맞서 싸워야 하고 폭풍우를 만나면 믿고 있는 선박이 요동치기도 한다. 수필은 거친 삶의 험난한 노정에 좌표를 알려주는 이정표 구실을 한다.

길이라고 모두 평탄한 것은 아니다. 때때로 낯선 비탈길을 걷다 미끄러지기도 한다. 화창한 날씨라며 고속으로 차를 몰고 가다가도, 어느 지점에 들어서면 시커먼 구름이 심술을 부린다. 어느 순간, 비바람이 사정없이 휘몰아치면 차창 와이퍼를 빠르게 움직여도 좀체 시야가 확보되지 않는 게 폭풍우 치는 인생길이다. 그때 옆자리에 동석한 수필이 말한다. 삶에게 경의를 표하고 자기만의 생의 의미를 창조하라고.

수필은 나를 고통에서 건져내고 구원하는 삶의 지팡이다. 인생의 길목은 순탄 대로만 달리는 게 아니다. 가난과 질병, 실업과 이별이 그대에게만 덮치는 불운이 아니다. 누구나 겪거나 겪게 되는 통과 의례이다. 수필은 가슴 깊숙한 곳에 응어리진 상처를 들춰내어 치유하거나, 절망에서 희망을 건져 올리는 역할을 한다.

수필은 고독과 사색의 길이요 철학의 길이다. 온몸으로 비바람 맞으며 말없이 제자리를 지키는 나무와도 같은 게 수필이다. 독서와 사색이 없으면 우물 안 개구리에 불과하고 철학이 없는 글은 사상누각처럼 위태롭다. 해변의 모래 한 움큼도 되지 않는 지식으로 글을 완성했다고 기고만장한다면 얼마나 부끄러운 일인가. 많이 읽고 깊이 생각하는 것이 무엇보다 중요할 것이다. 그렇게 하려면 자기 경험을 고백하고 소재로 삼되 신변잡기가 되지 않아야 한다.

지난여름, 무등산에 갔다가 골짜기에서 계곡물을 한참 바라본 적이 있었다. 비가 온 직후의 계곡물은 수량이 매우 많았다. 다투어 흐르는 물줄기가 요란하기까지 했다. 물은 장애물을 만나면 양보하면서 개울로 흘러간다. 계곡에서 고함치며 기세 좋던 물줄기도 강을 만나면 조용히 엎드린다. 누가 시켜서 그러는 것도 아니다. 어제 비가 내리지 않았다면 세찬 물줄기도 거센 물소리도 만들어질 수 없다. 없다가도 생겨나고 있다가도 때가 되면 사라진다. 수필은 낮은 곳을 임하며 서로 다투지 않는 물을 닮아 있다.

그렇다고 수필이 붓 가는 대로 쓰는 글이라 생각하면 오산이다. 그런 수준이 되려면 한 분야의 전문가나 고수여야 가능할 것이다. 수필은 대충 쓰는 글이 아닌 끊임없는 노력과 공부가 요구되기 때문이다. 게다가 내 장점보다는 단점을 드러내고 망가져야 독자도 빙그레 웃음을 짓는다. 수필은 성공보다는 실패를, 영예보다는 치욕을, 양지보다는 음지를 더 응시한다.

수필과 동행하면 길 위에서 숱한 벗을 만난다. 오솔길 모퉁이에서 허리를 굽히면 들꽃이 웃으며 인사를 건넨다. 풀과 나무, 돌과 흙, 물과 바람이 마치 연인을 보는 것처럼 정답다. 그들은 질투심이 없어 마음껏 좋아해도 뒤탈이 없어 관리하기 쉬운 애인이다. 작은 미물과 생명에 대한 사랑이 없다면 수필과 어울리는 사람이 아닐 것이다.

나에게는 문학적 재능이 없다. 수필을 창작하는 재료인 언어에 대한 감각은 더더욱 없다. 대상에 대한 애정이 부족하고 사물의 이름을 잘 모른다. 거리를 지나다 모르는 초목의 이름을 아내에게 물어보고는, 며칠 후에 다시 물을 정도다. 아내는 나더러 글을 쓰는 기본자세가 아니라며 그만두라고 한다. 게다가 애틋한 감정이나 섬세한 감수성이 없으며, 차가운 이성에만 익숙해 실체와 본질이라는 프레임에 갇혀 있다고 말한다. 이것을 깨고 나오는 게 나의 지상 과제다.

수필이란 트로트처럼 감칠맛이 나거나 실내악처럼 감동을 주어야 하는데, 내 언어의 질감은 투박하다. 자질이 부족하다고 핀잔을 듣지만 그래도 주눅 들지는 않는다. 수필은 나에게 노래 한 곡 부르려고 수백 번 연습하는 가수를 본받으라고 충고한다. 천편일률적인 글쓰기에서 벗어나 새로운 그림 그리듯 하라고 주문한다. 되도록 말하지 말고 보여주라고 덧붙인다. 수필이 노래라면 나는 여전히 트로트 연습생이라는 생각을 지울 수 없다. 그저 수필을 적는다는 정신 하나 붙들고 산다.

제대로 된 수필 한 편 적어보고 싶다며, 나는 언제 쯤 가능할까를 수필에게 묻는다. 수필은 실력이 한참 뒤떨어진다며 성적표를 건넨다.

독서 성취도 'C', 어휘 및 언어 구사력 'D', 관찰 및 사유 부문 'D+', 상상력 및 창의성 'F'….

# 해님과 달님

우리 집은 해안가에 있다. 아침이면 거실과 방으로 햇볕이 마구 쏟아져 들어온다. 이태 전 이곳으로 이사 온 후 한동안 눈이 부실 정도였다. 예전에 살던 집은 해가 중천에 떠야 겨우 햇살을 구경할 수 있었다. 옮겨 온 집은 언덕 위에 있는 데다 시야가 확 트여 있어 햇살이 집 안 구석구석까지 비추어 준다.

아침에 일어나 기지개를 켜면 동쪽 바다에서 떠오르는 해와 자연스럽게 인사한다. 멀리 수평선에서 불덩이가 솟구쳐 오른다. 어떤 날은 빨간 매니큐어를 칠한 손톱 같은 형상이고, 어떤 때는 담장 위로 개구쟁이가 얼굴을 내미는 모습이다. 맑은 날에는 온전한 얼굴이지만, 흐린 날은 구름이 보초병처럼 촘촘히 해를 둘러싼다. 붉은 동그라미가 마치 잘 익은 홍시 같다.

일출은 날마다 다른 모습이다. 해가 뜨는 위치도 계절마다 다르다. 겨울철에는 광안대교 오른쪽 주탑主塔 근처에서 뜨고, 여름철에는 왼쪽 주탑 부근에서 뜬다. 풍경화처럼 펼쳐진 아침노을은 저녁노을만큼 멋지다. 어떤 날은 아예 해가 보이지도 않는다. 먹구름에 갇힌 채 사방이 막혀 컴컴한 경우도 있다. 그러다가 한 줄기 햇살이 구름 사이로 빔을 쏘듯 수면 위로 쏟아진다. 빛이 바다 한가운데서 부서지고 반짝인다. 해는 이미 솟구쳐 올라와 있지만 구름이 앞에서 심술을 부리는 거다. 태양은 뭇 생명에게 한 줄기 희망과 생기를 준다.

우리 집에 도착한 햇빛은 태양에서 언제쯤 출발한 빛일까. 천문이나 물리학에 문외한인 나는 궁금한 나머지 천체와 관련된 책을 구해 읽었다. 빛의 속도와 별들의 생멸生滅에 관한 공식과 법칙이 신기하면서 오묘하다. 그러고 보니 대자연의 섭리는 천체의 운행이다. 계절이 변하는 것은 행성이 태양을 중심으로 타원 궤도를 도는 운동이 있어서다. 열을 발산하는 태양과의 거리가 가까우면 뜨겁고, 간격이 멀면 차가운 온도가 된다. 너무 뜨거워도 너무 추워도 생명체가 거주할 수 없다.

사람에게도 자기만의 태양 같은 존재가 있지만, 정작 당사자의 눈에는 잘 보이지 않는다. 병들거나 장애를 가진 자에겐 곁을 지키는 자가 태양이 되고, 가난한 자에게 안정된 직장은 귀중한 보석이 된다. 부모는 먹구름이 뒤덮여도 그 틈 사이로 실낱 같은 햇살을 자식에게 비추는 존재요, 아이들에겐 어머니가 집안을 밝히는 해님이 된다. 누구는 쾌청한 나날이 연속되지만, 혹자는 종일 구름에 갇혀 햇살 한 번 보지 못한다며 불평하기도 한다. 해는 숨어있을 뿐 없는 게 아니다. 당연하게 여긴 것을 잃게 되면, 미더웠던 그 사람이 태양임을 알게 된다.

생명체가 행성을 필요로 하듯 생명이 있는 암수는 서로가 필요하다. 나 같은 중노년층 남자들에게는 곁을 지키는 배우자가 태양이나 다름없다. 많은 남자들은 옆에서 제 소임을 다하는 사람을 당연히 생각한다. 애써 인정하거나 칭찬하는 데 인색하다. 이렇게 하라 하면 저렇게 하려 들고 마치 청개구리처럼 행동한다. 날이 더우면 뜨겁게 비춘다고 해를 원망하기도 한다.

부모 자식 간의 인연도 중요하지만, 배우자와의 인연은 특히 소중하다. 어떤 사람이 집에 들어오느냐에 따라 한 집안의 가세가 좌우된다. 태양이 없다면 우리 삶이 얼마나 음산하고 서늘할지를 생각해 보라. 태양은 궂은 날씨에도 아랑곳없이 빛을 발산하듯, 조강지처는 형세가 곤궁하다하여 가족을 외면하지 않는다. 그녀는 집안의 구석진 방바닥까지 비춰주는 햇살 같은 존재다. 생명과 에너지 공급원이라고 해도 크게 틀리지 않는다.

해가 안락한 보금자리 같은 존재라면, 달은 계절마다 산뜻한 멋을 부리는 옷 같은 존재다. 달님은 화장하는 여인의 얼굴처럼 수시로 바뀐다. 달은 어두울수록 눈에 확 들어온다. 휘영청 쏟아지는 달빛에 매료되거나 교교한 월색에 취하기도 한다. 저녁 모임이 끝나면, 나 같은 애주가들은 한 잔 더 마시려고 2차를 간다. 컴컴한 조명 아래 웃음을 파는 마담의 얼굴이 보름달처럼 보인다. 달 항아리에서 퍼지는 은은한 달빛이 술맛을 좋게 한다. 남자들은 취기가 돌면 달의 중력에 끌리듯 달님을 바라본다.

몇 년 전, 대낮에 달님의 실체를 본 일이 있었다. 길을 걷는데 우연히 맞은편에서 오던 중년 여자가 아는 체를 했다. 어디선가 본 적은 있는 것 같은데 선뜻 기억이 나지 않았다. 그녀가 모 술집의 상호를 알려 주자 그때서야 생각이 났다. 화장을 하지 않아 기미와 주근깨가 드러나는 맨얼굴이었다. 내가 못 알아보는 것도 무리는 아니었다. 침침한 불빛 아래 그녀는 분명 달덩이였다. 백주에 보니 낭만과 흥취를 돋우던 그 달님이 아니었다.

사람들은 달빛에 취하거나 때로 현혹되기도 하지만, 달은 없어서는 안 될 존재이다. 달은 지구 자전축인 기울기 23.5도를 잡아주는 역할을 한다. 달이 없었다면 태양의 중력으로 사계절도 없었을 것이다. 달의 인력引力덕분에 조수간만의 차가 생기고 생명체들이 진화하여 오늘날까지 생존한 것이다.

지구와 태양, 달이 서로 분리될 수 없듯이 우주의 삼라만상이 모두 연결되어 있을 것 같다. 천체의 운동과 작용하는 힘, 빛과 파동, 시공간의 비밀을 밝혀낸 천재적인 과학자들의 연구성과가 놀랍다. 뉴턴과 아인슈타인의 원리나 법칙도 경이롭지만, 나는 코페르니쿠스의 공식에 더 마음이 끌렸다. 망원경도 없었던 시절, 그는 어떻게 지동설을 주장했을까. 아마도 그의 끊임없는 생각의 힘이 그런 판단에 이르게 했을 것이다. 누구도 그 무엇도 특별나지 않다는 오백 년 전 천문학자의 사유가 세상을 바꾸었다고 해도 과언이 아니다.

수십억 년 된 태양이 변함없이 하루를 열어준다. 별들의 나이에 비하면 사람의 수명은 찰나에 불과하다. 며칠 살다가 죽는 하루살이나 진배없다. 햇볕이 오늘 아침에도 보잘것없는 변방의 우주인을 담뿍 비춘다.

# 홍두깨

민속촌 세트장에 들어섰다. 툇마루에 놓인 다듬잇돌 위에 다듬잇방망이 두 개가 쉬고 있다. 대청마루에는 옷감을 감아서 다듬을 때 쓰는 홍두깨와 다른 가재도구들도 보인다. 옛 여인들이 옷감을 툭탁툭탁 치는 모습이 눈에 선하게 떠오른다. 점점 사라져가는 옛것은 언제 보아도 정겹다.

경상도에서 홍두깨는 국수를 밀 때 쓰는 긴 방망이를 뜻한다. 다른 지방에서는 밀개라고도 한다. 홍두깨는 주로 박달나무나 물푸레나무로 만든다. 문경에는 '문경새재 물박달나무 홍두깨 방망이로 다 나간다'는 노랫말이 있을 만큼 과거에는 홍두깨가 생활필수품이었다. 지금은 손칼국수 전문점에서나 겨우 구경할 수 있다.

내가 어릴 적 우리 집 단칸방 구석에도 홍두깨가 세워져 있었다. 밥상과 나란히 벽에 기대어 있는 홍두깨는 제법 굵어서 원통형 통나무 같았다. 중간쯤에는 밀가루 반죽 자국이 마치 분칠한 것처럼 허옇게 보였고, 투박하게 느껴져 볼품마저 없었다. 게다가 길이는 내 가슴에 닿을 만큼 길쭉하였다.

우리 집은 이틀이 멀다 하고 칼국수나 수제비로 끼니를 때웠다. 값싸고 흔했던 밀가루는 당시 서민들의 단골 식자재였다. 칼국수를 만들기 위해 어머니는 먼저 찬물에 멸치 몇 마리를 집어넣고 국물을 끓였다. 그 사이 양푼에 밀가루를 넣고 물을 부어 휘젓기 시작했다. 처음에는 잘 섞이지 않더니 몇 번 더 치대니 서로에게 스며들었다. 한참 후에 한 덩이 반죽이 만들어졌다.

이제 홍두깨가 나설 차례다. 평소 둔탁하고 뻣뻣한 홍두깨가 갑자기 요술 방망이로 변신했다. 둥근 밥상에 반죽을 중간에 두고 홍두깨로 조금씩 밀고 나간다. 밀가루를 뿌려가며 계속 밀면 반죽은 상에서 훌쩍 넓어진다. 반죽이 밥상 전체를 덮을 만큼 얇아져야 홍두깨의 소임이 끝난다. 얇아진 반죽을 몇 겹으로 접어 칼로 썰면 먹음직스런 국숫발이 되었다. 칼국수는 홍두깨로 밀고 칼로 썰어야 제맛이 난다. 국수의 면발이 어떤 건 가늘고 어떤 건 굵어 불규칙적이어야 한다. 내복 바람의 아이들은 국수가 되지 못한 국수꼬리를 서로 낚아채려 안달이었다. 연탄불 뚜껑 위에 구우면 바삭한 간식거리가 되었다. 그 시절 어머니를 도와주었던 홍두깨는 아련한 향수를 불러일으키는 도구라 해도 될 것이다.

어머니의 요리 솜씨는 별로였지만 칼국수만큼은 예외였다. 그저 마른 멸치 몇 마리를 넣고 물이 끓기를 기다려 썰어 놓은 칼국수를 넣었다. 곧이어 감자나 호박을 추가로 넣었다. 끓는 물에 들어간 칼국수는 두세 배로 부풀어져 나왔다. 분식을 좋아하는 나에게는 감칠맛이 나는 요리였다. 어쩌다 국수 그릇에 남은 멸치는 부족한 칼슘을 보충할 수 있는 좋은 영양원이었다. 칼국수를 먹고 남은 국물에다 찬밥 한 덩이 말아먹던 그 시절이 그립다.

홍두깨로 반죽을 밀면서 어머니는 무슨 생각을 했을까. 너나없이 입에 풀칠하기가 어려웠던 시절, 어미라는 이유로 버텨야 했을 것이다. 그때 바라는 것은 자식들 배부르게 먹이는 게 소원이 아니었을까. 매운 세상살이와 거친 세파에 홍두깨처럼 구석 자리에서 웅크리고 지내야 했을 것이다. 슬픈 날에는 어느 순간 밀가루 반죽이 자신인 양 착각도 들었을 것이다. 홍두깨가 밀면 늘어나는 반죽이 되고, 방망이에 짓이겨져 널브러질 수밖에 없는 고단한 인생. 푸석푸석하고 너덜너덜한 육신을 흘러내린 눈물로 반죽하여 칼국수를 삶고 수제비를 끓였으리라. 뜻대로 되기 힘든 현실이니 그저 순응할 수밖에 없었을 터. 방구석에 놓인 홍두깨에 등을 기대며 억척같이 버티는 게 상책이었으리라.

궁벽한 시골 출신의 어머니는 노처녀 때 아버지와 만났다. 일제 강점기에 태어나 전쟁을 겪은 세대가 그러하듯, 땟거리가 부족한 질곡의 시대를 맨몸으로 헤쳐 나갔다. 가난과 고생은 찰거머리처럼 붙어서 좀처럼 떨어지지 않았다. 밭고랑 같은 깊은 주름살은 삶의 굴레처럼 보였다. 중학생이었던 내 공납금을 맞추려면 아버지의 수입으로는 턱없이 부족했다. 결국 어머니도 아버지처럼 행상에 나섰다.

"굴비 사이소! 싱싱하고 맛있는 굴비 사이소~~"

어머니는 무거운 생선을 머리에 이고 도로변 식당이나 가정집을 기웃거렸다. 몸을 움직여야 한 푼이라도 더 벌 수 있었던 세월이었다.

학교를 파하고 친구들과 돌아다니던 어느 날, 신작로에서 어머니를 보았다. 허름한 몸빼 바지를 입고 얼굴에는 수건을 두른 채 생선 상자를 머리에 이고 장사를 하고 있었다. 미처 나를 알아보지 못하기에 내가 먼저 다가가 엄마를 불렀다.

"야야, 그냥 지나가지 뭐 할라고 아는 체를 하노?"

엄마는 당신의 초라한 몰골이 아들의 친구들에게 노출되는 게 부끄러웠던 게다. 내가 아는 체를 한 게 일찍 철이 든 탓도 아니었다. 그저 친구들도 나와 비슷한 처지거니 여겼다. 나는 속으로 '괜찮아. 내 친구 부모들도 엄마와 별반 차이가 없어'라고 답을 했던 것 같다.

지금도 가끔 그때가 흑백 사진처럼 눈에 아른거린다. 배고프고 궁핍한 시절, 이 땅의 어머니들은 무엇으로 삶의 고통을 이겨냈을까. 자식들 눈망울 때문에 나쁜 마음조차 먹을 수 없는 현실. 내 길이 아닌 식솔의 길을 걸으며 오로지 자식들 무탈하기만 빌었던 당신들. '아무개 엄마'로 불리며 살아야 한다는 당위성에 한 번쯤 의심의 눈초리를 보낼 여유가 있었으련만. 이 세상에 못나고 무능한 어머니가 없다는 말은 자식에겐 어미가 꼭 필요하다는 본능을 지닌 거룩한 존재이기 때문이리라.

십 년 전, 어머니는 중풍으로 고생하다 돌아가셨다. 집에 있던 홍두깨도 어디로 갔는지 사라졌다. 덧없는 게 인생이지만, 세상에 의미가 깃들지 않은 존재는 없다. 홍두깨는 어머니와 고락을 함께 나누던 반려자요 숨은 조력자였다. 평소에는 뒷전에 물러앉았다가 가족을 위한 분식을 만들 때는 둔한 몸을 굴리고 미는 홍두깨. 그늘지고 옹색한 홍두깨의 팔자가 자식이라는 평생의 짐을 지고 궂은일을 하는 어머니의 운명 같다. 어머니와 홍두깨가 함께 만든 한 끼의 소중함이 매사 건성이었던 나를 뒤늦게 숙연하게 하는 것이다.

지금도 누가 국수를 먹자고 하면 나는 자다가도 벌떡 일어난다. 고교 시절에 자주 먹었던 시장통 손칼국수를 즐겨 찾곤 한다. 어쩌다 들쭉날쭉한 면발을 보면 금방 끓인 칼국수 국물보다 더 뜨거운 무엇이 목젖을 타고 꾸역꾸역 올라온다.

# 셈법

내 청춘 시절의 생계를 이끌어 온 도구가 웅크리고 있다. 모습은 여전히 건재하다. 종대와 횡대의 선이 사관생도처럼 일사불란하게 움직이고, 옆으로 기울이면 마름모 모양의 구슬들이 경쾌하게 자리를 바꾼다. 이사할 때마다 차마 버리지 못한 주판이다.

그런 주판에게 색깔이 있다면 서산으로 사그라지는 저녁노을을 닮았다고 하겠다.

주판에는 뒤처진 자의 비애가 배어 있다. 셈을 잘해도 속도가 느리고 유행에 뒤처지면 구닥다리 전자제품 같은 신세를 면하기 어려운 법. 세상은 어찌 이토록 빨리 바뀌고 사람들 마음은 이리도 변덕스러운 걸까. 변하다 못해 간사해야 살아남는데 변할 수 없는 몸을 가진 주체는 더 답답하지 않을까 싶다.

고교 시절, 주산 때문에 시험을 망쳤던 기억이 지금도 남아 있다. 입학 후에 치른 첫 월례 고사 때, 주산과 부기簿記 성적이 밑바닥이라 한 반 60명 중에서 48등을 했다. 부기는 처음 배운 과목인데 차변 대변이 도통 무슨 차이가 있는지도 몰랐다. 필수 과목이던 두 과목이 평균 점수를 까먹는 주범이었다. 손재주가 없던 나는 주산 2급을 몇 차례 도전한 끝에 가까스로 합격했다. 2급은 당시 금융권 입사를 위한 최소한의 조건이었다.

은행원으로 근무할 때, 주판은 휴대용 계산기나 다름없었다. 지금처럼 온라인이 정착되기 전 80년대에는 일일 결산을 주판으로 했다. 그날 발생한 전표를 바탕으로 원장元帳을 작성하고 대차합계를 일치시켜야 했다. 당시는 휴대용 계산기의 성능이 시원찮아 오히려 주판이 속도 면에서 더 빨랐다.

엄지와 새끼손가락 사이에 볼펜을 끼운 채 왼손으로 가볍게 주판을 잡았다. 눈은 숫자가 적힌 서류를 바라보며 엄지와 검지를 재빨리 움직였다. 달그락거리며 소리를 내는 주판알과 혼연일체가 되어야 했다. 손을 맞잡고 춤을 추듯 율동감이 느껴지면 전표와 서류가 한 번 만에 맞아 떨어졌고, 그날은 일찍 퇴근할 수 있는 날이었다. 그렇지 않고 몇 번을 놓아도 맞지 않으면 그 원인을 밤새 찾아야 했다. 창구 직원이 실수로 전표를 휴지통에 버리기도 하고, 서랍에 잘못 넣어 방치되기도 했다.

인사이동이 나면 휴대용 계산기가 아닌 주판을 들고 다녔다. 그 시절에 계산기가 제대로 작동되는지 주판으로 검산했다면 누가 믿을까마는 실제로 그런 시절이었다. 당시 주산 단증이 있는 직원들이 계산하는 걸 보면 신출귀몰했다. 본사 근무 시절, 직속 상사는 주산 7단이라고 했다. A4 용지보다 큰 종이에 빼곡한 천 단위나 만 단위 숫자는 쓱 훑어보면 바로 정답이 나왔고, 억 단위 이상도 잠깐의 시간이 소요되었다. 그는 계산서를 보면 머릿속에서 주판이 현란하게 춤을 춘다고 했다. 그런 그도 IMF 당시 오십 세가 채 안 된 나이에 퇴직했고, 꽃집을 운영한다는 소식이 뒤에 들려왔다.

생면부지의 사람을 소개받거나 인사를 나누면, 누군가는 속으로 주판을 튕긴다. 초면의 그가 권세와 재물이 있다면, 어떻게 연줄로 엮을까 염두에 두고 계산기를 두드린다. 밥값을 누가 내야 하는지도 머리를 굴려야 한다. 식사 후 일어날 시간이 되면, 셈을 잘 하는 사람의 신발 끈은 종종 풀어져 있다. 나도 조금 눈치를 보다가 선뜻 나서는 사람이 없으면, 성미가 급한 내가 계산하곤 한다.

상업을 배웠고 주산도 할 줄 알지만, 나는 계산에 밝지 못하다. 스스로 숫자에 치밀하지 못해 자주 손해를 보았다. 이렇다 할 재주나 눈치마저 없어 남보다 앞서지도 못했다. 그런 나이기에 계산적인 사람보다 어딘가 어수룩한 게 더 좋다. 그는 무언가를 재거나 따지지 않을 것이며, 부풀려 포장하고 꾸미라고 해도 그러지 않을 것이다. 외상값을 받으러 갔다가 상대방의 빈궁한 처지를 보고 독촉은커녕 도리어 도와줄 가능성이 짙다.

어느 날 갑자기 컴퓨터가 점령군이 되면서 주판의 배역도 끝이 났다. 엔터키를 누르면 모든 셈이 한꺼번에 해결되는 디지털 시대에 살고 있다. 계산법에다 판단력까지 가진 인공 지능 로봇이 일손을 대신하니 일자리가 부족해지는 건 당연할 터. 생활의 편리함이 되레 인간성까지 퇴보시키지 않을까 싶다.

디지털 장비로 무장된 자동차를 타고 높은 산 정상에 올라가 보면, 해발 천 미터의 고산도 별게 아니라는 오만에 빠진다. 배낭을 메고 땀 흘리며 올라간 정상과는 천지 차이가 날 수밖에 없다. 편리한 첨단 기기를 이용해 꼭대기에 서면 자연 앞에 겸허하기가 쉽지 않을 것이다.

셈이 밝아 수판을 잘 튕기는 사람이 있고 그렇지 못한 이도 있다. 눈치가 있고 이해득실에 밝은 사람은 잘 튕기지만, 나처럼 둔한 사람은 계산에 약하다. 사람들은 제 이익과 소속된 집단을 우선시하니 갈등이 끊이질 않는다. 인간의 심리를 이용하여 상대의 허점을 교묘하게 파고든다. 앞에서는 생글생글 웃으면서 뒤로는 계략을 숨기기도 한다. 열 길 물속은 알아도 한 길 사람 속은 모른다는 말처럼.

셈법의 대상에 숫자나 사람 심리만 있는 게 아니다. 요리에 간을 맞추려면 소금이나 간장을 계량해서 넣어야 하고, 옷을 입을 때에도 체형에 맞는 치수를 선택해야 맵시가 난다. 악단 지휘자는 소리만 듣고도 악기의 상태나 연주자의 심리를 헤아릴 수 있다. 점과 선, 색으로 표현하는 미술 작품에도 화가의 계산이 숨어 있다. 세상 모든 일에 셈법이 들어가지 않은 게 어디 있을까 싶다.

통 큰 나눔을 실천하는 사람이나 어렵게 모은 재산을 공익단체에 기부하는 사람은 어떤 셈을 할까 궁금하다. 남들이 보기에는 바보 셈법이지만 높은 경지에 이른 사람들이 아닐까. 사물의 겉모습보다 내면의 질서를 중시하는 그들만의 안목과 통찰력이 있을 것이다. 일제 강점기에 후손들이 빈곤에 시달릴 줄 알면서 가산을 기울여 군자금을 댄 독립운동가처럼. 정말로 숫자에 밝은 사람은 굳이 주판을 사용하지 않는다.

세상일을 잘 가늠하는 재주를 가진 사람들이 부럽다. 하지만 나는 이해득실을 따지는 세상의 셈법은 잊고, 지척에 있는 사람의 속이나마 제대로 헤아릴 줄 아는 사람이 되고 싶다. 내가 이 세상에 없어도 내 이름을 불러 주고 기억할 사람은 그들뿐이니까.

# 꽃댕강

꽃댕강, 그 이름은 왠지 연민을 자아내게 하는 꽃나무다. 아파트 정원과 도로 사이의 경계에 담장처럼 서 있는 꽃나무. 키 작고 볼품없는 모습으로 진입로를 유도하고 울타리를 두르는 데 단골 재료처럼 쓰이는 나무다. 사람들은 생업이 바쁜지 종종걸음을 치고 눈길조차 주지 않는다. 그 이름을 아는 사람도 많지 않을 듯하다.

겨울 끝자락의 추위에도 아랑곳 않고 폈던 매화도 이미 졌고, 우아한 목련과 화사한 벚꽃이 떨어진 지 제법 되었다. 온갖 봄꽃들이 어우러지게 피는 계절의 여왕 5월. 철쭉도 제 몫을 다했다며 시들어 가건만 이 나무는 쉽사리 개화하지 않는다. 햇볕이 따갑게 느껴지는 유월이 되어서야 늦깎이로 꽃을 피운다.

꽃댕강 나무는 도로변에서는 차도와 인도의 경계에 주로 심겨져 있다. 자연히 온갖 매연과 먼지를 뒤집어쓴다. 누군가 버린 쓰레기에다가, 밤에는 취객의 노상 방뇨까지 견뎌야 한다. 꽃나무로 사랑받기보다 동네북처럼 웃음거리가 된 꼴이다. 꽃댕강의 꽃말은 '평온함'이지만, 실제로는 불안하고 혼란스럽기 그지없을 것이다.

이른 더위가 시작되는 6월의 어느 날, 드디어 꽃이 피었다. 나는 발걸음을 멈추고 이 꽃을 한참 들여다본다. 사람들이 아끼는 꽃과 나무는 마당이나 테라스에서 관심을 독차지하지만, 도심 속의 꽃댕강나무는 내 논 자식 취급을 받는다. 그야말로 찬밥 신세다. 그런데도 이런 곳에 살아도 행복하다고 웃는 거 같다. 은근히 쓰임새가 많고 사람들에게 유익함까지 준다. 초행길인 방문객에게 길을 안내하기도 하고, 취객이나 어린아이가 차도로 넘어오지 못하도록 보초병처럼 지켜준다.

꽃댕강의 생김새는 겸손 그 자체다. 꽃이 하늘을 향해 있기보다 지면이나 옆을 향한다. 종 모양의 꽃잎이 무거워 그런 것일까. 아니면 비가 올 때 굵은 빗방울을 꽃술에 담아낼 수 없어서일까. 다른 꽃들은 태양을 향해 고개를 치켜들고 있는데, 이 꽃은 익을수록 고개를 숙이는 벼 이삭을 닮았다. 거기다가 소박하기까지 하다. 봄철에 피는 꽃들이 화려한 비단 저고리에 다홍치마라면, 꽃댕강은 서민층 여인들이 입었던 무명저고리에 검정 치마를 연상시킨다.

그의 향기는 또 얼마나 그윽한가. 한여름 밤, 동네 어귀를 산책할 때 그 나무 옆을 지날 때마다 향긋한 냄새가 코에 스민다. 있는 듯 없는 듯 풍기는 은은한 향기. 어느 아리따운 여자의 체취가 이보다 더 싱그러울까. 봄꽃이 며칠간의 꿈결 같은 분내라면, 꽃댕강은 모진 풍파를 이겨낸 원숙한 담향淡香이다. 다른 꽃은 길어야 십 여일 내지 한 달이면 사라지지만, 이 꽃은 몇 달 동안 향기를 품어내는 은근과 끈기가 있다.

꽃댕강은 제법 찬바람이 부는 11월 초순에도 꽃을 활짝 피운다. 태풍과 비바람이 몰아쳐도 좀처럼 꽃이 지지 않는다. 사람들로부터 주목받지 못해도 늦게 시작하여 늦게까지 꽃피우는 대기만성형이다. 밟아도 다시 일어서는 잡초처럼 생명력이 질기고 꿋꿋한 기질이 그에게 있다.

일찍 피었다 일찍 지는 꽃이 있다. 사람도 젊어서부터 명성을 날리다 일찍 시들해지기도 한다. 어떤 사람은 뒤늦게야 발동이 걸려 노후에 찬란한 인생을 꽃피우는 이도 있다. 오랜 무명의 세월과 역경의 시절이 있어야 그 성취도 더 빛나는 법이다.

가만히 꽃댕강을 보고 있으면 종 모양의 꽃에서 종소리가 들린다. 나지막하게 속삭이거나 하소연을 말할 것 같아 짐짓 귀를 기울여 본다.

당시 실업급여를 신청하러 다니던 나는 불현듯 꽃댕강이 애처롭게 느껴졌다.

"이왕에 꽃나무로 살아가려거든 양지바른 언덕이나 넓은 들판에 있을 일이지, 어찌하여 초록의 자연이 아닌 도로변에서 매연을 마셔가며 사는가?"

내 질문에 꽃댕강은 미소를 머금고 담담하게 답한다.

"나는 당신처럼 세속적인 가치에 크게 동요하지 않는다네. 누군가가 자기 정원에 나를 심어 주면 기뻐서 힘써 일할 뿐이고, 설사 나를 구석에 처박고 괄시한다 해도 내 본성대로 꽃을 피우다 사라질 뿐이라네."

나는 꽃댕강에게 다시 물었다.

"그럼 어찌하여 척박한 도로변에서 오랫동안 꽃을 피우는 것이냐? 다른 꽃들처럼 짧게 피었다 지면 될 것 아닌가? 세상 사람들은 털끝만큼 이익이 있어도 서로 다투어 챙기려 드는데, 너는 어찌 사람들을 위해 베풀기만 하는 것이냐?"

"그대의 수심에 찬 얼굴을 보니, 남들이 알아주는 자리나 좋은 직장을 얻지 못해 그러는 게 아닌가? 탐욕으로 눈높이가 높아진 그대의 자아와 만족할 수 없는 현실과의 충돌. 게다가

공명을 향한 욕망이 그대를 스스로 착취하고 있는 건 아닌가. 그대는 형편없어진 제 주제는 생각지 않고 세상 근심을 다 짊어지려 하는가. 왜 비루한 곳에는 나처럼 정착하지 못한단 말인가?"

꽃댕강의 그 말에 말문이 막힌 나는 대꾸를 못하고 짐짓 먼 산을 쳐다보았다.

나는 꽃댕강을 보며 존재의 고독을 생각했다. 보잘것없는 꽃나무가 내 실존인양 감정이입이 되었던 모양이다. 내 역량이 빈약하고 발 디딜 곳이 마땅치 않을 때 느끼는 존재의 홀로 됨을. 유쾌하고 기쁜 감정보다는 우울하고 슬픈 감정이 우세한 것은 아마도 나에게 깡과 인내가 부족해서 그럴 것이다.

돌아서려는 나를 붙잡고 꽃댕강은 다짐까지 받아내려 듯 목소리를 높였다.

"내 비록 하찮은 나무지만 좋은 자리를 탐내지 않고 억지를 부리지 않는다네. 주어진 환경 속에서 꽃피우겠다는 생각을 가지니 마음이 편안하다네. 그래도 나는 싸리나무의 팔자보다는 낫지. 싸리나무는 베어져 빗자루가 되어, 죽어서도 바닥에 평생 얼굴을 비비는 수모까지 당하지만 나는 그럴 일은 없으니까."

제3부

# 토큰 지갑

서울쥐 시골쥐
자동차의 두 얼굴
토큰 지갑
카레이스키
테리
숟가락을 들며
어떤 사모곡
공중전화
출근길 인상

# 서울쥐 시골쥐

모처럼의 상경이다. 구전 설화 속의 시골쥐가 되어 서울 거리를 활보하고 있다. 나는 이십 대 뜨거운 청춘을 오롯이 서울에서 보냈지만, 서울이 싫어 떠나 왔으니 시골쥐나 다름없다.

서울역에서 남대문 방면 어두컴컴한 하수관을 걷는 일은 익숙하다. 삼십 년 전 그때보다 더 넓어지고 깨끗하여 악취도 많이 나지 않는다. 빠끔 열린 맨홀 뚜껑의 틈 사이를 비집고 나오니 제법 인파가 북적인다. 사람들의 발걸음이 내가 사는 고장보다 더 분주하다. 걸음걸이 속도가 빠른 건 여기가 역동적이고 바쁘다는 의미일 것이다. 멀리서 건널목 신호를 지켜보다가 사람들 사이로 잽싸게 건넌다. 커다란 사람들의 발을 피해 가는 것은 식은 죽 먹기다.

사람들의 발밑으로 내가 달려도 누구 하나 관심이 없다. 모두 핸드폰을 보며 걷거나 통화중이거나 목적지를 향해 걸어가기에 급급한 모양새다. 그들은 나를 안중에 두지 않는다. 사람들은 유독 나를 피하는지 모르겠다. 징그럽고 흉한 것이야 상대적인 문제가 아닌가. 내 선조들이 옛날에 페스트균을 옮긴 전력前歷이 있다지만, 인간들은 내 삶의 터전을 온통 콘크리트 벽으로 봉해 버리지 않았던가. 어쨌든 사람들이 꺼려하니 덕분에 나는 긴장을 풀고 느긋하게 다닌다.

촌뜨기였던 나도 한때는 서울에서 잘 나갔던 시절이 있었다. 약관의 나이에 넥타이를 매고 직장 생활을 했던 그때가 새삼 그립다.

드디어 약속장소인 태평로 T빌딩에 도착했다. 고급 대리석 타일 바닥을 걷다가 하마터면 미끄러질 뻔했다. 로비에서 친구 G를 기다린다. 그는 입사 동기인데 이십여 년 지방 근무를 하다 본사로 발령받아 입경入京했다. 그때가 아마 IMF 무렵이었을 것이다. 사람들이 삼삼오오 로비에서 경비원의 배웅 인사를 받으며 현관문을 나선다. 어디에 숨어 있다 나오는지 하루 밥벌이를 마친 퇴근들이 쏟아져 나온다. 하긴 고층 빌딩이니 상주인구가 좀 많겠는가.

어느 틈에 왔는지 G가 반갑게 악수를 청한다.

“우리는 똑같이 퇴직했는데, 그대는 지금도 어찌 이런 큰 빌딩에서 근무할 수 있는가?”

시골쥐의 물음에 서울쥐로 터전을 잡은 G는 빙그레 웃기만 한다.

나도 십여 년간 이곳 생활 경력이 있으니 거리의 풍경이 낯설지 않다. 여기서 북쪽으로 을지로를 지나 청계천을 건너면 내가 근무했던 K 은행 본사 건물도 있을 터이다. 본점 근무 당시 내게 주어진 업무는 사백여 개 지점의 실적을 우수 및 부진 점포로 평가하는 일이었다. 이십 대 후반의 말단 실무자였지만 제법 목에 힘이 들어갔던 시기였다. 그때가 시골쥐에게는 한때 햇볕이 들었던 호시절이었다.

매사에 자신만만했던 어느 날, 건강에 적신호가 왔다. 타고난 허약 체질 인데다 주경야독으로 제대로 챙겨 먹지 못하여 위와 십이지장 궤양 증세가 나타났다. 게다가 허리 디스크까지 걸려 불가불 몇 달 휴직을 할 수밖에 없었다. ‘화려하지만 번잡하고 공해 심한 서울보다는, 볼품없지만 느긋하게 지방에서 사는 게 낫지 않을까.’ 하는 생각이 들었다. 몸이 아프면 마음도 약해지듯 귀향하기로 작정하였다. 부서장에게 내 건강상태를 보고하고 지방 근무를 자청했다. 아버지뻘인 부서장은 직접 내 손을 잡고 인사부 담당자를 찾아가더니, 지방 전근을 시켜 주라고 그 자리에서 지시했다.

며칠 후 부산에 있는 지역본부로 발령받고 서울 생활을 청산했다. 기숙사 생활을 하다 가족이 있는 집에서 출퇴근하니 건강이 점차 회복되었다. 지방에서도 직무상 성공할 수 있으리라 여겼으나, 자리는 적고 직원은 많아 인사적체가 심했다. 게다가 서울에서는 경험하지 못한, 눈에 보이지 않는 출신 학교 간 파벌까지 있었다. 선후배 간 경쟁은 더 치열해서 차라리 서울에 있을 걸 하고 후회도 했다. 하지만 이미 엎질러진 물이었다.

G는 나를 북창동 식당을 거쳐 근처 호프집으로 이끌었다. 얼마 전 결혼한 G의 아들부터 화제에 올랐다. 공부를 잘했지만 SKY 진학에 실패하여 S 대학교 장학생으로 갔으며, 졸업 후 굴지의 S 전자에 입사한 과정을 한참 이야기했다. 몇 년 전 같이 퇴직했던 동기들과 서울 직원들의 동정을 알려 주었다. 누구는 성공적인 재취업으로 잘 나가기도 하고, 혹자는 투자를 잘하여 돈방석에 앉았다고도 했다.

G가 아는 선배 중에는 지방에서 장기 근무하다 우연한 기회에 서울 본사로 와서 성공한 경우가 많다고 했다. 모 선배는 은행 퇴직한 지 십 년이 넘은 육십 대 중반의 나이임에도 제2금융권에서 지금도 고액 연봉을 받는다니 과연 서울은 서울

인 모양이다. 어느 회사든지 지방에야 기껏 지점 한두 개쯤 두지만, 서울 본사에는 각종 부서가 많고 덩달아 정원도 많으니 충분히 있을 수 있는 일이었다. 돈과 사람이 지방이 아닌 서울로 모이는 건 자연스럽고 당연했다. 촌뜨기는 그 간단한 이치도 헤아리지 못했으니 어리석기 짝이 없었다.

시골쥐인 나에게 기회가 없었던 것도 아니었다. IMF를 겪고 몇 년 지난 그즈음이었다. 서울에서 발령받아 잠시 지방에 내려왔던 모 상사가 서울에서 같이 근무하자며 내게 권하였다. 인생에 있어 몇 번 없는 큰 기회였다. 가족과 상의하니 아내는 적극 찬성하였다. 큰아이가 초등 저학년이고, 막내가 미취학 아동이니 지금이 좋은 기회라고 했다. 시골쥐는 가난한 부모가 걱정되어

“물가도 비싸고 공기 탁한 곳으로 가자고? 곁에 살면서 시부모 모시기 힘들어서 그래?”

그 말에 아내는 입을 닫아 버렸다.

지금 생각하니 그때 갔었더라면 자녀 교육만큼은 더 나아졌을 것이다. 말은 나면 제주도로 보내고, 사람은 나면 서울로 보내라는 속담이 있다. 그만큼 환경이 중요하고 기회가 많다는 의미일 것이다. 시골쥐의 사회적 위치도 지방에 있는 것보다 훨씬 낫지 않았을까. 그 당시 상경했다가 아이들 진학시키고

퇴직하여 지금쯤 내려왔으면 금상첨화가 아닌가. 우매한 선택이 명예도 실리도 잃어버려 자가당착에 빠진 꼴이 되었다.

늦은 밤, G와 헤어져 서울역으로 향하는 시골쥐의 발걸음이 무겁다. 충분한 먹잇감을 확보해야 하는 생쥐나, 돈 버는 능력을 성공의 잣대로 삼는 사람이나 무슨 차이가 있을까. 초라하더라도 평화롭게 사는 게 행복이라지만, 그건 꿈과 야망을 스스로 걷어차는 게 아닐까. 권력은 포기하더라도 부와 명예에 대한 갈망은 쉽사리 버리지 못할 것 같다.

시골쥐의 쥐구멍에도 다시 볕들 날이 있을까?

# 자동차의 두 얼굴

자동차에도 계급장이 달려 있다. 새 차를 구입한 주인은 애마를 상전 모시듯 애지중지한다. 행여 어디에 긁히거나 흙이라도 묻을세라 노심초사한다. 이런 대접을 받는 자동차는 저도 신분이 상승된 듯 착각 속에 빠진다. 저보다 못한 차는 눈 아래로 보이고, 시도 때도 없이 경음기를 울리거나 행인들에게 물을 튕기며 달려간다.

출근길 도로에는 인적이 드물고 차들로 북적인다. 길을 건너는 나는 조심스레 자동차의 표정을 살핀다. 차들의 외양은 각양각색이다. 눈 역할을 하는 전조등은 어떤 것은 날카롭고 어떤 것은 선량한 눈매다. 얼굴 중앙의 콧등 언저리에는 제조회사 브랜드 문장紋章이 값비싼 보석처럼 번쩍인다. 코와 입 사이 인중에는 고유번호가 새겨진 이름표도 붙어있다. 이목구비가 뚜렷한 것이 사람의 얼굴이나 다름없다.

말쑥한 차림새의 차들이 적색 신호에 걸려 길게 줄지어 서 있다. 녹색등으로 바뀌자, 교차로에선 경적을 울리며 서로 먼저 가려고 다툰다. 빨리 출발하지 않는다고 시비를 걸고, 갈 길을 방해했다며 싸운다. 물질과 물질이 서로 계급을 따지며 병정놀이하는 것 같아 절로 헛웃음이 난다.

세상이 많이 변했다. 너무 많은 자동차로 사람이 우선인지 차가 먼저인지 알 수가 없다. 사람들에게 있어 자동차는 명품처럼 신분 상승 욕구와 함께 남을 따라하는 모방 심리가 깔려있다. 자동차가 마치 신분이나 자신을 뽐내는 대명사로 변질되었다. '나 이런 사람이야' 하며 과시하고 위세를 부린다. 힘 있고 영향력이 있는 척, 능력이 없어도 할 수 있는 척하고 싶은 건 차나 사람이나 마찬가지일 것이다. 타인의 시선을 의식하는 심리와 재물과 외모를 중시하는 우리 사회의 슬픈 자화상을 자동차에서 본다.

과거 은행에 근무했던 시절, 가끔 영업점 객장에 민원이 발생하곤 했다. 손님들은 직원의 응대 서비스가 마음에 들지 않거나 대기 시간이 길다고 불만을 쏟아냈다. 고함치는 자의 예금 통장에는 몇 푼의 돈밖에 없는 경우가 많다. 관리자인 나로서는 그들의 말을 참고 들어주어야 한다. 그래야 그들의 불만이 반분이나마 풀린다. 반면 여유가 있고 부유한 손님은 불편해도 말이 없다. 옷차림도 수수하여 세련된 맛이 없을 정도이다. 도리어 신용 대출을 신청하는 자가 분수에 맞지 않는 현란한 옷차림이다. 길게 상담하다 보면 그 말투에 허영심까지 묻어난다. 가벼운 것은 예리하지만 소리가 나고, 무거운 것은 둔하지만 태산처럼 진중하다.

타고 다니는 자동차가 곧 그의 분신이 된다. 돈이 많이 들어간 차는 값싼 차 주인을 은연중에 무시하기도 한다. 철판이 몇 센티미터 더 길고 기능이 다양하다고 어깨에 힘이 들어간다. 차량 앞의 엠블럼은 마치 명문 학교의 배지 인양 노골적으로 드러내 자랑한다. 모두가 남보다 위에 있으려 하지 아래에 처하려 들지 않는다.

자동차에는 두 개의 얼굴이 있다. 엔진의 동력으로 질주하려는 얼굴과 그 실체를 조종하는 얼굴이 그것이다. 따뜻하고 부드러운 것이 차갑고 딱딱한 것을 움직인다. 유연한 생명체와 차가운 금속 바탕이 같은 방향을 향해 달린다. 바퀴가 굴러갈 때 두 얼굴이 같은 방향을 봐야 하는 데 한쪽이 딴 곳을 보면 사고가 난다. 제 한 몸 편하자고 졸거나 한눈을 팔다가는 타인은 물론 그 가족의 삶까지 위태롭게 만든다.

사람들은 자기 멋에 산다. 멋지다는 말은 꼴불견이 있기에 있을 수 있는 단어이고, 아름답다는 것은 추함이 있기에 아름다운 것이다. 자동차의 겉과 속이 일체가 되어야 보기 좋고, 외면과 내면을 아울러 갖추어야 품위가 있어 보인다.

사람처럼 자동차도 겉만 보고 속을 알아내기란 쉽지 않다. 점잖고 준수해 보이는 사람도 운전 습관에 따라 자동차의 품격은 하늘과 땅 차이가 된다. 뒤차가 추월하면 그걸 참지 못하고 복수해야 직성이 풀리는 차. 잦은 추월과 끼어들기를 밥 먹듯이 하는 얌체 운전. 무조건 빨리 가야 한다는 강박 증상을 보이거나 과도한 스피드를 즐기는 불량 차량도 있다. 나는 자동차의 얼굴이 목에 힘을 주지 않는 돈독한 인상이거나, 부끄럽지 않을 정도로 소박한 모습이면 좋겠다.

세련되고 중후한 차를 지니고 싶은 것은 모두가 바라는 희망일 것이다. 현실은 그리 녹록하지 않다. 기름때 묻은 작업복을 입은 채 고물 트럭을 몰고 와서 특허 기술을 개발했다며 투자해 달라고 누군가가 찾아왔다고 생각해 보라. 사람들은 그가 타고 온 교통수단을 보고 혀를 찰 것이다. 오히려 빚을 내거나 하루 동안 렌터카를 빌려 세단을 타고 왔더라면 투자를 받을 가능성이 높아지는 게 우리 사회다.

몇 년 전 북유럽을 여행했을 때, 덴마크의 국회의사당 건물을 구경할 기회가 있었다. 수백 년 된 옛 건축물을 그대로 활용한 작은 건물이었다. 국회의원들의 자동차가 보이지 않아 주차장은 어디냐고 나는 가이드에게 물었다. 가이드는 빙그레 웃으며 구석에 위치한 자전거 보관소를 손으로 가리켰다. 국회의원들의 차는 다름 아닌 자전거였다. 손수 페달을 밟아 그 동력으로 이동하는 교통수단. 정의로운 법 제정을 위해 치열하게 고뇌하는 자들의 질박한 탈 것. 나는 멋있게 뒤통수를 맞고 한동안 멍하니 서 있었다.

높은 지위와 명예는 입었다가 다시 벗는 옷과도 같다. 권세를 얻었어도 타인 위에 군림하기는커녕 도리어 낮은 자세로 임하는 북유럽 정치인들. 그들은 분명 고귀함이란 낮은 것과 천한 것을 기초로 이루어져 있음을 아는 사람들임에 틀림없다. 스스로 강과 바다처럼 낮은 곳에 처함으로써 어느 누구와도 다투지 않는다.

철판과 컴퓨터와 유리로 조립된 탈 것이 가끔 내 마음을 흔들리게 한다. 멋진 사람을 보면 눈길이 가듯 고급차를 보면 괜한 부러움이 앞선다. 하지만 눈이 부시거나 번쩍일 정도로 빛나는 것은 오래가지 못함을 알기에 공중에 붕 뜬 마음을 애써 억누른다.

# 토큰 지갑

오늘도 지각이다. 그녀와 만나기로 약속한 날마다 매번 일이 생긴다. 오늘도 직속상사가 퇴근 시간이 임박하여 지시한 일을 정리하느라 늦어졌다. 그녀를 처음 만났을 때 차가운 첫인상이 떠올랐고, 두 번씩이나 지각하여 차가운 표정이 더 차가울 것 같다. 잘못하여 혼날 걸 예감한 아이처럼 허겁지겁 약속장소로 뛰었다.

그녀를 두 번째 만나는 날이었다. 커피숍에서 기다리다 지친 그녀가 새초롬한 표정으로 나를 맞이했다. 키는 작아도 야무져 보이는 그녀 건너편 좌석에 겸연쩍게 앉았다. 여름을 제외하고 후줄근한 양복 한 벌로 세 계절을 버티는 서른 살의 총각. 나는 누가 보아도 꼼꼼한 은행원의 모습에 샌님이었다. 누렁

게 뜬 얼굴은 남이 보면 어딘가 병들어 보이기까지 했다. 실제로도 심신의 안정이 필요한 시기였다. 그 대안은 오직 결혼이었다. 그래서였을까. 당시 가족과 일가친척들은 내 성혼成婚을 목표로 총력전을 벌였다. 나도 그녀도 배우자감을 찾는 탐색전을 펼쳤던 시절이었다.

토요일 오후라 우리는 광안리 바닷가로 향했다. 택시를 타지 않고 버스를 이용했다. 문제의 발단은 토큰을 꺼낼 때였다. 당시 나는 버스로 출퇴근하는 때여서 양복 주머니에 토큰만 담는 지갑을 별도로 가지고 있었다. 동전과 다른 소지품이 섞여서 주머니를 혼잡하게 하지 않을 요량이었다. 택시를 태우기는커녕 버스를 타면서 토큰 지갑을 이용하는 모습이 그녀에게 어떻게 비쳤을까? '서울에서 10년 살다 온 인간이 어찌 저리 쪼잔하고 소심할까. 은행원들은 죄다 융통성 없고 고지식한 것인가?' 하는 생각이 들었으리라. 그래도 그녀는 내색하지 않았다.

당시 토큰 지갑은 가난했던 내 삶의 표상이었다. 학창 시절을 보냈던 달동네 허름한 집을 군 제대 후 처분하고, 그동안 모은 돈과 은행대출을 합쳐 그럴듯한 2층 양옥집을 샀다. 명의는 아버지로 하고 나는 대출을 안았다. 객지에서 주경야독하랴, 가족의 주거안정용 대출이자까지 부담하랴, 그때는 근검절약이 최선의 방책이었다. 당시 나는 혼인 적령기를 넘기고 있었는데, 결혼하려면 추가로 빚을 내야 할 입장이었다. 그러니 어느 여자가 좋아할 것인가. 토큰 지갑은 내 소심증과 궁색함을 적나라하게 드러내 주었다.

며칠 후 중매 아주머니를 통해 데이트한 후의 뒷이야기가 들려왔다. 그녀 집안의 반응이 좋지 않았다 한다. 특히 그녀의 아버지가 발끈하셨다고 했다.

"그놈의 총각이 남의 집 귀한 아가씨와 데이트를 하는데 택시가 아닌 시내버스를 태웠다고? 정신이 있는 놈이야, 없는 놈이야?!"

아마도 이런 내용이 아니었을까 짐작이 갔다. 애지중지 키우신 딸을, 그것도 선도 안 보고 데려간다는 셋째 따님이 그런 대접을 받았다는 사실에 역정이 나실 터였다.

그 얘기를 듣고 나는 나대로 할 말이 있었다.

'나중에 잘 살면 그때는 근사한 자가용을 타고 다닐 수 있게 해 주면 되지, 초반부터 잘 보일 필요가 있나? 겉치레보다 있는 그대로의 모습을 보여줘야지, 굳이 허세를 보일 필요가 있을까?' 인륜대사도 연緣이 닿아야지 억지로 인연을 엮을 수는 없다고 느긋하게 생각했다.

지금 생각하니 오만하고 생각이 짧았다. 현실적으로 결혼한 여자가 호사를 누릴 수 있는 시기가 인생에서 얼마나 될까. 자녀를 출산하면 아이 키우며 정신없이 사는데다 살림살이 챙기랴, 아이들 장성하면 출가도 시켜야 하니 알뜰살뜰 살 수밖에 없는 일. 처녀 시절에 잠시 호텔에서 커피 마시고 택시 타고 다니며 대우받는 게 무슨 사치란 말인가. 짧지만 행복한 추억이 힘든 결혼생활을 참고 견디는 동력이 됨을 그때는 몰랐다.

그날 양산에서 나를 만나려고 부산까지 온 아가씨에게 추억은커녕 다리 운동을 열심히 시킨 꼴이었다. 정현종 시인이 "사람이 온다는 건 실은 어마어마한 일이다. (중략) 한 사람의 일생이 오기 때문이다." 라고 했는데 나를 찾아온 '방문객'을 시내버스에 태우는 우를 범했다. 토큰 지갑을 꺼내 들었던 나는 그녀의 후보 우선순위 목록에서 하위권으로 밀려났다.

나도 여러 명의 후보군을 두고 각개 전투를 펼쳤지만 좀체 끌리는 대상이 없었다. 그러던 어느 날, 꿈에 어떤 처자가 한복을 입고 나를 향해 절을 하는 게 아닌가. 이게 무슨 징조인가 싶었다. 휴대전화가 없던 시절이라 버스에 태웠던 그녀를 만나기도 쉽지 않았다. 우연을 가장하여 그녀를 만날 수 있는 방법과 가능성을 생각해 보았다. 그녀가 부산을 왕래하다 조우할 기대를 걸고, 주말에는 양산터미널에서 혼자 몇 시간씩 서성대기도 했다. 평일에는 직장에 거짓말을 하고 그녀 사무실이 있는 군청으로 불쑥 찾아가기도 했다. 때로는 솔직한 심정을 적은 손편지를 우체통에 넣기도 했다. 다른 후보 여성들보다 왠지 마음이 쏠려 몸이 저절로 활동하는 것이었다.

그녀의 마음도 서서히 움직이기 시작했다. 가치관이 비슷한 탓인지 아니면 내 진심이 통했는지 알 수는 없지만, 어쨌든 다시 상위권에 진입하였다. 그 후 몇 번의 만남을 더 가졌고 마침내 그녀의 마음을 얻을 수 있었다. 우리는 자연스럽게 손을 잡는 단계로 이어졌다.

얼마 후에 모친이 그녀를 집으로 초대했다. 그때 결정적인 위기가 찾아왔다. 성의 없는 상차림, 천장에서 쥐들이 활보하며 아우성치는 소리, 정돈되지 않은 세간과 부엌살림, 그리고 생활 방식 모두가 그녀의 집안 모습과 너무도 판이했다. 자신의 결정이 성급했음을 후회하는 얼굴이었다. 그때부터 그녀는 진퇴양난에 빠져 울기만 했다.

이미 상견례까지 했다. 이쯤에서 그만두자니 그녀 아버지의 불호령이 무서울 것이었다. 결혼하자니 병약한 총각 뒷바라지에다 시어머니와 사사건건 충돌할 게 뻔했다. 장차 어찌할 것인가. 당시에는 남의 이목을 중시하는 세태이니 대충 시집이나 갈까, 아니면 소신대로 독신을 선언하거나 다른 후보자를 찾는 걸로 밀고 나갈까. 그녀는 몇 날 며칠을 밤새워 고민했을 것이었다.

아! 그때 절박했던 노총각을 구원한 것은 그녀가 차마 떨치지 못했던 가부장적 이데올로기가 아니었을까. 결혼을 주관하는 주체가 당사자가 아닌 혼주婚主라는 사실에 나는 무척 고무되었다. 만약 그녀가 세상의 절반을 차지하는 여성으로서 당당하게 나갔더라면, 그녀의 페미니즘이 내 정강이를 사정없이 걷어찼을 터였다.

결혼하면 아버지가 친정아버지가 되고 살던 집이 친정집이 될 터. 그 선택의 기로에 섰던 여인을 가끔 생각한다. 그때마다 내 눈시울이 붉어진다. 궁핍했던 시절, 감당 못할 빚을 짊어진 나를 받아 준 고마운 사람에게 도리는 하고 사는지. 어쩌다 버스를 타면 못난 사람을 선택한 여인의 운명을 떠올리곤 한다.

# 카레이스키

셔터가 갑자기 내려진다. 입국 심사대 대기 줄에는 수십 명이 차례를 기다리고 있다. 덩치가 큰 여성 공무원이 예고 한마디 없이 카운터를 닫고 퇴근하는 눈치다. 탑승객 200여 명 중 절반도 통과하지 못했다. 국내 같았으면 고객들을 줄 세워놓고 뭐하느냐고 고함쳤을 사람들이 쥐죽은 듯 조용하다. 사람들은 재빨리 다른 카운터의 기다란 줄 뒤에 선다. 내 차례가 되어 여권을 검사하는 여직원의 시종 웃음기 없는 얼굴에서 사회주의 잔재가 보인다.

이곳 블라디보스톡은 가깝지만 인기 있는 해외 여행지는 아니다. 부산에서 이곳까지는 국적선으로 3시간 걸린다. 그것도 서해를 거쳐 만주 지역을 빙 둘러서 왔다. 올해 칠순을 맞은 일행 중의 한 분이 일본 쪽을 가자는 것을 내가 제안하여 오게 되었다. 일본은 노년에도 얼마든지 다닐 수 있지만 극동 러시아는 가기 힘든 곳이 아니냐며 꾀었다. 관광도 겸하지만 내심 우리 조상들이 살았던 현장을 구경하고 싶었다.

공항에서 시내로 들어오는 버스 차창으로 연해주의 풍경이 펼쳐졌다. 드넓은 벌판과 광활한 평원이 이방인에겐 낯선 모습이었다. 해 질 무렵의 노을빛은 짙었고 하늘조차 넓어 보였다. 길가로 펼쳐진 비옥한 목초지와 농장은 지평선까지 닿을 정도였다. 구한말 이곳 해삼위 항구는 밤에 야반도주하다시피 가고 싶은 신천지라고 함경도 민요는 노래하고 있다. 일제 탄압과 흉년을 피해 떠나온 연해주는 지주가 없는 땅이 많았으니 이주 희망 1순위였다.

조선족 출신 가이드는 특유의 억양으로 우리 일행을 안내했다. 30대 중반의 그녀는 훈춘이 고향이라는데 세 나라 국경 지역이라 남한과 북한, 러시아를 수시로 넘나든다고 한다. 그 덕분에 조선말, 중국어, 노어를 유창하게 하는데 같은 동포이면서도 남한 국적을 못내 부러워하였다. 그녀에 의하면 연해주 지역은 19세기 중반부터 러시아가 점령했으며, 이후 흑해지방 인근의 러시아인 이주가 활발해졌고 희망자에게 30만평의 토지를 지급했다고 한다. 일제 강점기 학정과 굶주림에 시달린

나머지 만주나 연해주로 이주한 조선인들과는 천양지차였다. 무능력한 나라가 정부 노릇을 제대로 못하니, 민생은 도탄에 빠져 국경을 넘어 방황할 수밖에 없는 일.

시내 중심가에서 자유 시간이 주어졌다. 일행과 아내가 쇼핑을 하는 사이, 나는 인근 바닷가로 향했다. 고려인들의 최초 정착지가 근처 해안가라고 들은 까닭이다. 지금은 해양 공원과 체육 시설로 변해 있었다. 바다의 파도는 잔잔하지만 색깔이 맑지 않고 갈색 계통의 황토 빛이었다. 혹시 우리 고려인들이 흘린 땀과 눈물, 피가 뒤섞여 바다가 탁해진 건 아닐까. 150년 전 이곳으로 처음 이주해 정착했으나 변두리인 '신한촌'으로 다시 옮겨졌다고 한다. 러시아 사람들은 한반도에서 넘어온 동양인을 카레이스키라고 불렀다.

평지를 달리던 버스가 어느 비탈길에 정차했다. 여기가 '신한촌' 터라 한다. 20년 전에 세워진 3개의 기념탑만이 덩그러니 남겨져 초라하고 처연했다. 한때 독립운동의 중심지이자 전초기지 역할을 한 곳도 이럴진대 다른 유적지는 어떠할 것인가. 삶의 흔적이 어디에도 없어 망국민의 서글픔이 일어났다. 옛날 이곳의 광활한 벌판에서 말 달리던 고구려와 발해인의 기상은 과연 어디로 갔는가. 미국 사람 믿지 말고 소련 사람에게 속지 말라던 해방 당시 유행어가 결코 빈말이 아니다.

관광 일정에 따라 들른 곳은 혁명 광장이었다. 바로 인근에는 시베리아 열차의 시발점인 블라디보스톡역이다. 아! 이곳이 소련의 강제이주 정책으로 고려인들이 모였던 집결지라고 한다. 나는 광장 중앙에 우두커니 서 있었다. 18만여 명이 이주를 시작한 게 9월 초순이라 하니 꼭 이맘때다. 아침저녁으로 제법 소슬바람이 부는 이때 하필 이주하라고 하는가. 당시 소련 당국은 일본인과 생김새가 비슷한 조선인을 분리한다는 명분을 내세웠다. 영문도 모르고 광장에 모인 사람들의 얘기가 어디선가 들리는 듯 했다. “가실(가을걷이)이 코앞인디 무시기 이주명령 함매?” “워따 기차타고 어디로 간다 했슴매? 가찹은 우수리스크?” “그나저나 이 간나새끼가 오시럽다[1] 아님매?”

공항으로 가는 귀국길에 시베리아 열차를 탔다. 기차는 덜컹거리며 천천히 움직였다. 완행열차는 단돈 72루블(한화 1,300원)이 들었다. 역마다 정차하며 공항 인근까지 40분 정도 달린다. 차창 밖으로 펼쳐지는 아무르만의 바닷가가 내내 이어졌다. 여기에서 사할린섬도 가깝다. 일제 때 강제 징용되었다가 아직도 귀향하지 못한 고려인들. 그들이 향수병에 시달리는 모습을 상상하니 공연히 내 가슴이 먹먹하였다.

강제 이주 당시, 열차는 객차가 아닌 화물용이나 가축 운반

1 ‘걱정스럽다’의 함경북도 방언

용이었다. 소련 정부에서 사람을 개돼지 취급하였으니 그야말로 시베리아 난민인 셈. 낯선 연해주 타지에서 겨우 정착하여 살아가는데 또다시 중앙아시아로 이주하라는 명령에 얼마나 황당했을까. 그것도 며칠 내 짐을 싸서 무조건 떠나야 한다니 밥솥과 볍씨 하나 제대로 챙겼을까. 더구나 목적지를 아는 사람은 거의 없고 40일 이상을 기차에서 보낼 줄 누군들 상상이나 했으리.

짐짝처럼 뒤엉킨 흰옷 입은 사람들. 식수 부족과 부실한 식사, 추위로 인한 사망과 추락사, 노약자와 어린이의 영양 결핍, 죽은 아이를 며칠간 품 안에서 놓지 못하는 어미. 참다못해 아이를 빼앗아 가마니에 싸 열차 밖으로 던지는 아비. 그때의 아비규환을 이 철길은 아는지 모르는지 무심히 달린다. 하지만 그들은 끈질긴 생명력과 뚝심으로 살아남았다. 특유의 근면 성실로 중앙아시아에서 농업 기술자로 인정받았으며 생산 실적이 놀라워 노동 영웅으로 칭송되었다. 무에서 유를 창조한 것이다.

공항 대합실에서 국적이 다른 세 동포가 조우했다. 우리 일행과 우리를 배웅하는 조선족 가이드, 평양행 환승을 기다리는 북한 근로자였다. 북한 사람들 가슴에 획일적으로 달고 있는 배지 때문인지 낯설고 서먹했다. 세 동족은 그래도 돌아갈 곳이 있다지만 고려인은 고향을 잃어버렸다. 연해주로 떠나 올 때 하나였던 조국이 지금은 분단되어 남과 북 어디에도 갈 수 없는 기구한 운명! 이데올로기에 속고 강대국의 패권 싸움에 희생된 겨레는 언제쯤 하나가 될 수 있을까.

고난에 굴하지 않았던 그들을 잊지 말아야 우리의 미래도 있지 않을까. 그들이 있었으므로 내가 지금 여기에 있는 것이니….

# 테리

"할아비, 목욕탕에 다녀올게. 기다리고 있어…."

그는 집을 나서며 방구석을 향해 혼잣말을 한다. 누가 보면 방에 있는 아이에게 말하는 같다. 구석 벽에 비스듬히 세워진 액자 속 아이가 웃고 있다. 그의 말을 듣고 있는 듯 눈망울을 반짝이며 귀를 쫑긋 세우고 있다.

올해 미수米壽인 그의 곁을 늘 지켜주고 말벗이 되어준 아이였다. 그런 아이가 병이 생겨 얼마 전에 병원에 입원했다. 그것도 잘한다는 소문을 듣고 집에서 꽤 먼 곳에 있는 병원을 택했다. 안심하고 맡긴 곳인데, 입원 이틀 만에 아이는 차가운 몸이 되었다. 그는 밤새 아이의 이부자리를 끌어안은 채 흐르는 눈물을 주체할 수가 없었다. 10년 전 서울 살던 아내가 죽었을 때도 이처럼 공허하지는 않았다.

그날 아침, 병원 직원과 의사로부터 차례로 전화가 왔다. 아이가 위급한 상황이라 했다. 즉시 택시를 타고 30분 이상을 달려 병원에 도착했다. 아이를 안아 보니 몸에 온기라곤 없이 차디찼다. 그것도 또록또록하게 눈을 뜨고 죽어 있었다. 손으로 눈을 감기려 했으나 쉽게 감지 못했다. 얼마나 괴롭고 아팠으면 눈조차 제대로 감지 못했는가. 그는 병원에서 남의 이목에 아랑곳없이 목 놓아 울었다.

"내 자식 같은 애를 죽여 놓고 너희가 무사하길 바라느냐? 너희는 살인마와 다름없어! 소송 비용으로 1억이 들더라도 법적 절차 착수할 테니 각오하고 있어!!"

구십을 눈앞에 둔 노인이 맞는가 싶을 만큼 카랑카랑한 목소리는 병원 전체에 울려 퍼졌다.

그의 말은 빈말이 아니었다. 그는 사업 수완이 좋아 서울과 지방에서 큰돈을 벌어 통이 크고 자부심이 대단하였다. 50대부터는 신발에 손을 대어 그가 부산에서 제조하고 서울에서 가족들이 유통을 담당하였다. 지방에서 숙식해가며 혼자 고생을 한 만큼 충분히 돈도 벌었다.

50대 후반쯤에 그가 운영하던 공장에서 직원으로 있던 여자를 만났다. 정이 많았던 그는 여자와 그녀 소생에게 많이 베풀었다. 하지만 세월이 갈수록 그가 노쇠하고 힘이 없으니 귀찮아하고 무시하는 게 눈에 보였다.

불편하지만 혼자 사는 게 훨씬 낫다고 느낄 즈음에, 인생의 진정한 반려자를 맞이했다. 아이는 외로운 그의 삶에 참된 동무이자 동반자였다. 억울하게 죽어버린 자식 앞에서 1억의 돈쯤은 아무것이 아니었다.

그는 나에게 도움을 청해왔다. 아이를 죽인 병원과 수의사를 형사 고소하여 혼내주는 방법을 물어왔다. 무관심으로 내팽개치다 죽여 놓고 위급 상황 인양 꾸미는 게 더 괘씸하다 하였다. 나는 분노로 흥분 상태인 그의 심신을 안정시킬 목적으로 아이의 장례부터 치르라고 권유했다. 소송 등 법적 처리는 이후에 해도 늦지 않다고 그를 달랬다.

아이의 이름은 '테리'라고 했다. 함께했던 지난날의 추억이 주마등처럼 스쳐 갔다. 13년 전 처음 만나 가족이 되었다. 30년 세월을 함께 했던 동거녀는 늙은 그를 성가시게 여기면서 테리도 구박하고 천대하였다. 얼마 전부터 테리가 신부전증과 담석증을 앓자, 멸시하고 미워하는 정도가 더해졌다. 나중에는 테리의 잠자리를 아예 그의 방으로 옮기고 함께 자기도 하였다. 그가 의지하는 사람은 서울에 있는 자식들도 아니요 같이 사는 여자도 아니었다.

지금도 그는 몇 년 전의 일을 잊을 수가 없다. 그날은 그가 며칠 병원에 입원했다가 퇴원한 날이었다. 집에 혼자 남아서 무심코 소주 몇 잔을 마신 게 화근이었다. 갑자기 어지럽고 정신이 혼미하더니 인사불성이 되었다. 그때 옆에 있던 테리가 주인의 상태가 심상치 않음을 알았던지 크게 짖으며 몸을 사리지 않았다. 그의 옷자락을 물어뜯으며 몸을 흔드는 통에 겨우 깨어난 적도 있었다. 지나고 나서 보니 그를 살린 것도 이 아이였다.

사람들은 타인에게서 받는 고마움을 당연하게 여기는 경우가 종종 있다. 이득을 주면 헤헤 웃다가도 조금만 멀리하면 등에 비수를 꽂기도 한다. 세상에는 개만도 못한 사람이 있다. 자기에게 이익이 되면 의리 따위는 헌신짝 버리듯 한다. 물론 눈앞의 이득에 현혹되지 않기는 어려울 것이다. 하지만 의리는 무겁고 배신은 가볍다.

그에게 테리는 신뢰하는 친구요, 고독을 치료해 주는 간호인이었다. 하지만 사람들은 늙은 그를 아예 외면했다. 과거에 그의 도움을 받았던 친인척과 지인들조차 연락이 끊긴 지 오래였다. 테리는 그가 괴로울 때나 우울할 때도 한결같았다. 외로움과 병마가 그를 협공할 때에도, 하소연할 사람조차 없어 길게 넋두리를 늘어놓았을 때도, 테리는 그를 지켜주거나 싫은 기색 한번 없이 들어주었다. '신의'의 잣대로 평가한다면 사람보다 반려견이 훨씬 우수할 것이다.

가족이란 우리가 살아갈 이유가 되는 대상이다. 반려견은 식구나 마찬가지다. 주인이 집에 도착하면 가장 먼저 눈웃음을 치고 꼬리를 흔든다. 종일 빈집을 지키느라 무료해도 투정 한번 부리지 않는다. 견주가 슬퍼하면 위안이 되어 주고, 기쁘면 덩달아 날뛰며 주위를 맴돈다. 육체에 병이 들어도 사람처럼 엄살을 부리지 않고, 주인의 기분을 밝게 하는 게 자신의 소임이라 여긴다. 어떤 대가도 바라지 않는다.

말 못하는 동물이라 하여 생명체로서의 욕구가 없을 순 없을 것이다. 그들인들 좁은 공간을 벗어나 산으로 들로 마음껏 달려보고 싶지 않으랴. 사람의 인격처럼 동물의 생명도 존중받기를 바라지 않겠는가. 아마도 반려견이 사람을 떠나지 않는 것은 안전과 함께 주인과의 의리 때문이 아닐까 싶다.

나는 개를 키워 본 적은 없지만, 개들이 직무 수행에 합당한 대우를 받아야 한다고 믿는다. 개는 주인이 월급을 주지 않아도 노동청에 진정이나 고소를 넣지 않는다. 충직한 견공의 품격에 비해 몸값이 턱없이 낮다. 그럼에도 죽는 날까지 의리를 지킨다. 키우던 개가 억울한 죽음을 당했다고 소송한들 기껏 보상받을 수 있는 돈은 개 값이다. 단순한 재물손괴죄로 인정되는 까닭이다.

반려견의 변함없는 충정 앞에 새삼 생명의 존엄성을 절감한다. 인간만이 만물의 영장이고 개는 하등동물인가. 그렇지 않다. 어느 생명이 더 우월한가는 같이 살면서 겪은 당사자가 판단할 몫이다.

# 숟가락을 들며

누구나 숟가락 하나씩 지니고 산다. 밥을 먹을 때마다 필요한 게 숟가락이다. 이것이 없으면 젓가락이나 포크로 먹거나 인도인들처럼 손으로 먹어야 한다. 음식과 입을 이어주는 운반 도구인 숟가락은 먹거리와 입 사이의 전 과정을 연결한다. 뜨거운 액체로 입천장이 데지 않도록 열기를 식히는 냉각기 역할도 한다. 국물이 있는 국이나 찌개를 좋아하는 사람에게 필수 용구가 숟가락이다.

음식을 뜨는 수저의 형태와 질감에 따라 먹는 느낌도 천차만별이다. 같은 음식이라도 무엇으로 먹느냐에 따라 음식 맛이 달라진다. 도구를 사용하지 않고 손가락에 묻은 음식을 핥거나 손으로 먹는 게 음식 맛을 돋우는 방법일지도 모른다. 어쩌다 숟가락을 바꾸어 먹으면 묘한 쾌감으로 맛보고 느끼는 오감이 깨어난다.

사람들은 숟가락에도 서열을 따진다. 사람을 두고 금수저나 은수저, 흙수저에 빗댄다. 부모로부터 물려받은 부가 자녀의 사회 계급을 결정한다는 자조적 표현이다. 수저 계급론을 적용한다면, 나는 흙수저 중에서도 하층에 속했다. 가난이라는 올가미가 꿈을 펼치려고 일어서려는 내 발목을 수시로 조였다. 흙수저는 나에게 주경야독을 권했고, 내 야간 인생의 여정에 그는 친구처럼 동행했다.

어떤 수저가 되었건 간에, 나는 숟가락을 '든다'는 동사에 더 애착이 간다. 수저를 '들 수 있다'는 것은 커다란 행운이고 건강하다는 뜻이다. '들지 못한다'는 것은 스스로 서지 못한다는 의미이다. 젖을 뗀 젖먹이에게 숟가락으로 떠먹여야 하듯, 노경에 들어 손발이 말을 듣지 않는 노인에게도 떠먹여 주어야 한다.

두 살 난 아이가 기다가 걷고 숟가락질을 하고자 애쓰는 것은 생존 본능이다. 노인 역시 삶에 대한 애착으로 죽는 날까지 숟가락질을 계속하고 싶을 것이다. 숟가락질은 자립이요, 스스로 살아있다는 자존감의 척도가 되지 않을까. 병든 노인들은 제힘으로 숟가락을 들고 밥을 먹는 게 소망일 것이다.

80년대 중반, 군에 입대했을 때의 일이다. 모 사단 신병 교육대에 입소했을 때, 나를 비롯한 훈련병들은 낡은 숟가락을 하나씩 배급받았다. 길이는 포크와 비슷했고, 숟가락 등은 둥근 볼륨이 큰 형태였다. 아마도 외국 군인이 사용하다가 내용연수가 다 된 것을 물려받은 모양이었다. 삼시 세끼 챙기려면 숟가락이 호주머니에 잘 꽂혀 있는지 수시로 확인해야 했다. 포복 훈련이나 사격 연습을 하는 날은 군복도 흙투성이였고 숟가락에도 먼지가 부옇게 묻어났다.

입소한 첫날 저녁 식사시간 때였다. 훈련병들은 식판을 들고 취사병이 배식한 음식을 받아 차례대로 식탁에 놓았다. 구대장의 식사 개시 명령을 듣고 오 분이 조금 지났을까. 갑자기 구대장은 "식사 끝! 동작 그만!"하고 외쳤다. 우리는 밥을 다 먹었건 먹지 못했건 일제히 숟가락을 놓았다. 그때였다. 건너편 테이블에서 한 훈련병이 배가 고팠던지 한술 더 뜨는 모습이 보였다. 아니나 다를까, 구대장이 달려가더니 그 훈련병의 등짝에다 군홧발로 사정없이 갈겼다. 맞은 자는 꼬꾸라지는 개구리처럼 테이블에 엎어졌다. 한 숟갈 더 뜨려다가 되레 호되게 당한 훈련병이 비에 함씬 젖은 강아지마냥 애처롭게 보였다.

'밥 먹을 때는 개도 건드리지 않는다' 는 속담처럼 하찮은 짐승일지라도 음식을 먹을 때는 때리지 않는데 하물며 사람이 아닌가. 군 기강도 중요하지만, 먹는 일의 숭고한 행동이 개처럼 얻어맞을 만큼 잘못한 건 아닐 것이다.

낡은 외제 숟가락으로 한 끼 밥을 먹던 군대 시절이 가끔 그립다. 보리가 섞인 거친 밥, 무와 배추를 썰어 넣은 희멀건 된장국, 그리고 김치가 주종인 1식 3찬의 소박한 식단. 힘차게 팔을 흔들고 대열을 유지하며 식당에 가는 시간이 가장 즐거웠다. 군복무 시절, 밥과 국을 준비하는 병사들 덕분에 나도 얼굴에 살이 올라 통통했다.

숟가락은 관심과 사랑이며 하루를 살아내는 원동력이다. 한 숟갈 뜨고 씩씩하게 나서는 것은 그의 끼니를 걱정하는 누군가의 잔정과 배려가 있기 때문이다. 양식을 먹거나 자양분을 공급받아야 뭇 생명들은 목숨을 유지할 수 있다. 만물을 생장시키는 어미 같은 품성을 지닌 게 숟가락이다. 경건하고 신성한 먹는 작업이 중요한 것이지 거기에 무슨 계급이 필요할까 싶다.

밥사발에 숟가락 부딪치는 소리가
풍경 소리보다 더 맑고 청청하다
저 소리 나는 곳에 사람이 살고 있고
기쁨과 슬픔도 다북쑥처럼 엉켜 있다

하루에도 세 번씩
이승 멀리 번져 가는 쾌청한 울림들
목탁 치는 소리가 어찌 절집에만 있으랴
삶은 어지러워도
밥을 먹는 순간만은 사문沙門의 몸짓으로
그저 순하게 하루의 업을 닦는다
아, 세상에서 가장 뜨거운
밥사발에 숟가락 부딪치는 그 소리

– 이진엽의 시 〈숟가락 소리〉 전문 –

너 나 할 것 없이 형편이 어려웠던 시절, 이웃이나 친구 집에 가면 먹다 남은 식은 밥일망정 서로 챙겨 주었다. 그때는 먹는 것 자체가 정이요 배려였다. 지금은 지나친 풍요 탓에 조금만 식단이 부실해도 불평을 늘어놓는 세상이다. 음식을 먹을 때 행복을 느끼듯, 어떤 숟가락이 주어진다 해도 들 수 있다는 자체가 더 중요할 듯싶다.

선대로부터 물려받은 유산이 없거나 특별한 재능이 없다고 주눅이 들 필요는 없지 않을까. 인생이라는 마라톤에서 누군가의 출발선이 백여 미터 앞섰다고 종점까지 무사히 완주한다는 보장은 없다. 삶은 스스로 금수저가 아니라고 투덜대는 것이 아니라, 흙수저일망정 자신을 귀히 여기며 빛나는 인생 졸업장 한 장 받아 가는 노정이다.

금칠을 한 숟가락도 세월이 지나면 모지랑숟가락이 된다.

# 어떤 사모곡

어느 날 오후, 작업복 차림의 중년 남자가 우리 사무실로 들어왔다. 법률 상담을 원한다고 했으나 예약 명단에는 없었다. 애써 찾아온 의뢰인에게 그냥 가라고 할 수도 없는 노릇이었다. 변호사들이 모두 바쁜 탓에 직원인 내가 상담하기로 했다.

몇 달 전 요양 병원에 있던 그의 모친이 폐암 선고를 받아 종합 병원으로 옮겼다고 했다. 모친은 패혈증까지 겹쳐 한 달 남짓 입원해 있다가 병원에서 사망했다. 장례식을 마친 후, 그는 병원 측에 항의하였다고 한다. 병원에서 호출 후 한 시간 삼십여 분 후에 도착해 보니, 환자에게 붙어 있어야 할 산소호흡기 등 의료 기구가 제거되어 이를 문제로 삼았다. 임종도 지키지 못했으며, 모친이 그렇게 황망하게 갈 사람이 아니라고 생각한 모양이었다.

의뢰인은 병원에 CCTV 영상을 요구했으나 병원 측은 보여주지 않았다. 그는 업무상 과실치사로 해당 병원을 고소했다. 의뢰인과 경찰이 함께 병원을 찾아가 CCTV 영상을 재차 요구했으나, 병원 측은 계속 영상 공개를 거부했다. 사각지대가 되어 화면이 잘 나오지 않는 데다 보존 기간인 삼 주가 지났다는 핑계를 앞세웠다. 그는 병원 측이 큰 실수를 했을 것이라 단정을 내리고, 관련 증거를 수집하려고 필사적인 노력을 했다고 한다.

그가 말한 '필사'라는 단어가 왠지 익숙하게 다가왔다. 자기를 낳고 키워 준 은혜에 고맙다는 말 한마디 건네기는커녕 마지막 인사조차 못했으니 얼마나 답답했을까. 나도 그와 같은 상황이라면 죽을 각오로 덤볐을지도 모른다. 자식으로서 부모에게 정성을 다하지 못한 죄책감이 들고 뒤늦게 후회하는 게 다반사인 것을.

그가 가져온 검찰청 수사 기록을 보니, 해당 병원은 불기소 처분을 받았고 검찰 항고에서도 각하 처분이 떨어진 상태였다. 그는 도저히 어머니를 이대로 보낼 수 없다며 진실을 밝히고자 했다. 오늘이 재정 신청裁定申請을 할 수 있는 마감 시한이었다.

그의 목소리에는 생전 모친에게 도리를 다하지 못한 회한과 그리움이 섞여 있었다.

병원의 잘못을 밝히고야 말겠다는 그의 표정에서 순간 내 과거가 클로즈업되었다. 십 년 전, 어머니가 뇌졸중 판정을 받고 요양 병원을 전전할 때였다. 자주 병문안할 때는 몇 마디 의사소통이 가능하였고 재활 운동을 열심히 한다면 현재 상태에서 더 악화되지는 않을 것처럼 보였다.

그러던 어느 날, 어머니가 갑자기 의식도 없고 눈에 초점이 없었다. 며칠 전의 상태와는 너무 달랐다. 처음에 나는 요양 병원의 잘못된 진료와 무성의한 간호를 의심했다. 하지만 요양 병원의 진료 한계를 깨닫고 큰 병원으로 옮겨 정밀 검사를 받아 보자고 주장했다. 자식으로서 나름대로 최선을 다해 보자는 게 내 생각이었다. 반면 아내는 이미 아는 뇌졸중이 확대되는 것인데 치료를 잘하는 요양 병원을 퇴원할 이유가 없다고 반대하였다. 어머니 문제로 아내와 크게 다투었다.

다음 날, 나는 어머니를 구급차에 모시고 종합 병원 응급실로 갔다. 다시 MRI 촬영을 해 본 결과, 반대편 뇌혈관이 막혀 환자의 상태가 악화되고 있다고 했다. 며칠 후 다시 다른 요양 병원으로 옮기는 방법 말고는 뾰족한 수가 없었다. 지나고 보니 아내 말이 옳았다. 나는 그때 마치 큰 효자라도 되는 양

흥분했던 모양이었다.

그 일이 있고 몇 달 후 어머니는 돌아가셨다. 발병 후 삼 년여에 걸친 투병 생활이었다. 나도 그처럼 어머니의 임종을 지키지 못했다. 그즈음 다니던 회사 총파업에 동참하느라 타 지방에 있었다. '단결 투쟁'이라는 문구가 씌어진 머리띠를 두르고 내 밥그릇 챙기기에 바빴다. 평상시 살뜰한 말 한마디 못하다가 임종이라도 지키고 싶은 게 자식 심정이었지만 그마저도 쉽지 않았다.

부모가 장성한 자식들 만나기가 힘든 세상이다. 권세와 명예 있는 자식의 얼굴 보기는 하늘의 별따기다. 못난 자식은 자격지심 때문에 부모 곁으로 잘 오지 않는다. 늙은 부모는 자식의 스케줄에 맞춰 가면서 먼 길을 떠나지 않는다.

이야기를 듣는 내내 그가 젊은 시절 불효를 했을 것이라는 추측이 들었다. 더구나 임종을 지키지 못했으니 죄책감에 일부러 큰소리치는 게 아닐까 하는 생각도 들었다. 그렇다고 그에게 불효자식이 부모를 놓지 못하고 얽매일 수 있다고 대놓고 말할 수는 없었다. 그도 나처럼 어머니란 이름에 집착하여 사태의 본질을 바로 읽지 못했다. 그도 나도 막판에 임종을 지키며 효자인 척이라도 해야 하는데 그러지 못한 것이다.

나는 그에게 찬찬히 말을 꺼냈다. 더 이상 법에 호소하는 것은 의미가 없다. 검찰청 기록처럼 이 사건은 범죄의 구성 요건에 해당되지 않는다. 설사 그가 일찍 와서 산소 호흡기를 부착하고 있는 모친을 보았다 한들 한 시간 이상 더 생존하셨을까 반문했다. 몇 시간 더 버틴다고 엄마가 편하고 행복할 것 같으냐? 오히려 호흡이 가쁘고 거친 숨을 몰아쉬느라 더 고통스럽지 않겠냐고 말했다. 하늘의 부름을 받아 세상을 떠나는 순서가 왔는데 그걸 부정하겠냐고 목소리를 조금 높였다. 이미 지나간 일에 대해 잘잘못을 따지는 것은 저승에 계신 어머니도 바라는 바가 아님을 덧붙였다.

그는 잠시 생각에 잠겼다가 이윽고 자리에서 일어섰다. 사무실을 나가며 좋은 말씀 많이 들었다며 인사를 건네 왔다. 돌아서는 그의 쓸쓸한 뒷모습에서 십 년 전 내 모습이 오버랩되었다.

목숨이 경각에 달려 있는 부모는 정체성을 벗어던지고 바람처럼 사라진다. 가족이 곁에서 지켜주면 다행이지만 현실은 마음대로 되지 않는다. 바쁜 자식들은 부모의 임종이라도 지켜 속죄하고 싶겠지만 그건 어쩌면 이기심의 발로가 아닐까.

# 공중전화

무언가 허전하다 싶더니 휴대폰을 깜박 잊었다. 지하철역 승강장에 와서야 집에 두고 온 걸 알아챘다. 출근길인데다 돌아가기엔 너무 멀리 와 그대로 지하철을 탔다. 나를 애타게 찾는 지인이나 고객이 있을지 모르겠지만 어쩔 수 없다. 본의 아니게 여유가 생길 것 같아 슬며시 웃음이 새어 나왔다.

휴대폰은 없어서는 안 될 필수품이다. 사람들은 직접 통화하지 않아도 문자 기능을 활용해 의견을 주고받는다. 오늘 나에게 문자나 카톡을 한 사람들은 의아해할 것이다. 발신 후 한 시간이 지나도 읽지 않으니 업무가 바쁜가 보다고 여길 듯싶다. 세 시간이 지나면 내가 일부러 무시하는 것이라고 의심받기 십상이다. 다섯 시간이 되면 나에게 무슨 일이 생긴 게 아닌가 걱정할 것 같다. 급기야 나에게 전화를 걸면 신호는 가는데 받지 않는다. 졸지에 갖가지 오해와 의문, 궁금증의 대상이 될 것이다.

요즈음 휴대폰은 통신 이외에도 미니컴퓨터 역할을 한다. 그래서일까. 상당수 사람들이 지나치게 휴대폰에 몰입한다. 그들은 지하철에서도 앉든 서든 휴대폰부터 꺼내 든다. 식사 중이나 휴식시간에도 휴대폰이 옆에 있어야 불안하지 않다. 어쩌면 저승 갈 때 손에 쥐고 가야 할 부장품이 될지도 모르겠다. 사람이 휴대폰의 주인인지 휴대폰이 사람을 조종하는 건지 알 수가 없다.

식곤증이 몰려오는 오후, 사무실에서 설핏 졸다가 깼다. 무심결에 휴대폰을 찾았다. 문자나 카톡 온 게 있는지 확인할 요량이었다. 아차, 집에 두고 온 걸 깜박했다. 나도 스마트폰 중독의 초기 증상은 아닐까 더럭 겁이 났다.

어찌 보면 휴대폰은 사람을 옭아매는 족쇄다. 강박적으로 어떤 행위에 집착하고 반복하는 것은 중독이 시작되는 시초가 된다. 문자나 카톡 확인, 인터넷 검색, 유튜브 시청, 소셜 미디어를 이용해야 세상의 변화를 따라간다고 생각할지도 모른다. 하지만 휴대폰은 우리의 시간과 관심을 많이 뺏도록 만들어져 사람들을 유혹한다.

초기의 휴대폰은 기능이 전화나 문자에 치중되었다. 그 이전에는 공중전화와 무선호출기(삐삐)의 전성기였다. 당시 공중전화는 기본이 3분이어서 용건만 전달하는 연락병과도 같았다. 지금은 사람들 손에 너도나도 전화기가 들려 있다. 길을 걷다가도 일을 하다가도 언제 어느 때나 통화가 가능하다. 그뿐이랴. 보고 싶은 사람의 얼굴을 화상으로 보며 울고 웃기도 한다. 눈에 넣어도 아프지 않을 손주의 재롱을 실시간으로 볼 수 있는 첨단 세상이다.

당시 공중전화는 새벽부터 밤늦도록 야근을 했고 그것도 모자라 특근까지 했다. 공중전화 부스 앞에는 항상 사람들이 줄을 서 있었다. 앞사람이 길게 통화한다며 서로 다투기도 했다. 당시의 추억을 회상하며 공중전화기를 찾았지만 보이지도 않는다. 일부러 찾으니 더 귀하다.

관공서 근처에 다다랐을 때 공중전화 부스가 눈에 띄었다. 전화기 두 대가 겨울 산의 헐벗은 나목처럼 황량하고 을씨년스럽게 서 있다. 한 칸은 카드 전용이고, 다른 하나는 동전과 카드 겸용이었다. 이 공간에서 얼마나 많은 사연이 오고 갔을까. 나는 좁은 부스에서 사람들이 오랫동안 쓰고 매만져서 길이 든 흔적을 느꼈다.

물끄러미 공중전화를 쳐다보니 까닭 모를 연민이 느껴졌다.

신식 문화와 현대화에 짓눌려 신음하는 퇴물의 행색처럼 초라하다. 문전성시를 이루었던 부스에는 적막감만 감돌 뿐 사람의 발길이 끊어진지 오래인 듯하다. 휴대폰이 개인 필수품처럼 보급되자, 사람들은 공중전화를 멀리했다. 그때 외톨이가 된 공중전화는 무슨 생각을 했을까. 인간의 간사함에 쓴웃음을 짓지 않았을까.

공중전화도 심심한 나머지 스마트폰에 푹 빠진 행인에게 말을 걸었을 것이다. 컴퓨터에 몰입되어 빠져나오지 못하는 사람들에게 적잖이 실망도 했을 게다. 왜 너희들은 문명의 이기利器 앞에 한 번이라도 반발하지 않고 맹목적인가. 물질문명에 첨단 기능을 장착하면 편리한 만큼 도리어 기계와 시스템에 예속되지 않겠는가. 공중전화는 문물이 조금 단순한 게 바람직하다며 하소연을 늘어놓았을 것이다.

부스에 들어가 투박한 송수화기를 손에 든다. 자주 사용하지 않으니 송수화기도 전화기 본체도 모두 때가 끼어 있다. 내 지갑을 뒤져 보니 동전도 전화카드도 없다. 컬렉트콜을 선택하니 익숙한 신호음이 나온다. 가족들의 전화번호를 일일이 기억해 본다. 잊어먹지 않았으니 아직 휴대폰 중독은 아닌 모양이다.

휴대폰이 대중화되자, 사람들은 가벼우면서 매끈하고 세련된 개인 전화기에 반했다. 세월이 흘러 휴대폰에 인터넷 기능이 장착되자, 나는 그때부터 시대의 변화에 뒤처졌다. 기껏 사용하는 건 사전과 메모장 기능이니 공중전화처럼 퇴화하기 시작한 것이다. 나는 지금도 문명의 혜택을 덜 누려도 좋다는 생각을 한다.

공중전화는 무뚝뚝하지만 속정이 깊은 미덕도 있다. 그는 오랜 세월 무시당하고 홀대를 받아도 추호의 흔들림이 없다. 인고의 세월을 견뎌내는 고독한 철학자의 모습이다. 스마트폰에 빠져 메마르고 참을성 없는 학생들에겐 지긋이 지켜보는 교사가 되고, 온종일 전자파에 노출된 이들의 건강을 염려하는 의사도 된다. 소나기를 만난 자에겐 비를 피할 부스를 내어주고, 어쩌다 맨몸이 된 위급한 사람이 긴급 버튼을 누르면 즉시 파발의 소임을 다해 출동하게 만든다. 그는 사치스럽고 조급한 시대의 통속에 휩쓸리지 않고 지조를 지키는 선비요, 깊은 적막 속에 고행의 길을 묵묵히 걷는 수도승과 진배없다.

공중전화가 없어지면서 정과 의리, 타인에 대한 존중도 많이 사라진 듯하다. 지금은 스마트폰 창을 열면 세상 누구와도 소통할 수 있는 세상이다. 그럴수록 정신문화는 점점 접속이 원활하지 못하고 사막처럼 황폐해지기 쉬운 법. 생명을 중히 여기거나 배려하기보다 기계를 더 믿고 의지하는 것이다. 빛의 속도로 변하는 세태일지라도 변하지 않는 것과 변할 수 없는 것이 더 소중하지 않을까.

휴대 전화는 현대 문명의 총아가 되었고, 공중전화는 구닥다리가 되었다. 스마트폰이 고급 승용차라면, 공중전화는 구불구불한 시골 도로에 어쩌다 보이는 군내버스 같다. 구식과 신식이 함께 어우러져서 공존해야 세상 살맛이 나지 않을까. 어쩌면 그것이 공중전화가 꿈꾸는 소망일지도 모른다. 가끔은 휴대폰과 작별해 빈손으로 다녀 볼 일이다.

# 출근길 인상

출근길에 보니 비둘기 한 마리가 먹이를 찾는다. 보도블록 위에서 뒤뚱거리며 다니는 모습이 어딘가 부자연스럽다. 자세히 보니 한쪽 다리를 다쳤다. 인근에 다른 비둘기가 없는 걸 보니 무리에서 떨어져 나온 모양이다. 아파도 혼자서 끼니를 해결해야하는 생명의 먹이 활동이 왠지 측은지심을 자아낸다.

출근 시간에 길에서 마주치는 낯익은 얼굴들이 많다. 신입처럼 보이는 젊은이는 잠이 덜 깬 얼굴로 종종걸음을 치며 서두른다. 편의점에서 철야 근무를 하는 늙은 남자는 퇴근 시간이 다 되어가는 모양이다. 그의 얼굴과 옷에는 피곤이 함께 묻어있다. 늘 주머니에 손을 넣고 출근하는 칠순 가까운 노인도 이때쯤 지나간다. 그의 표정에도 밥벌이가 고단하다고 씌어져 있다. 집에 있자니 지겹고, 일하자니 체력이 부치는지 늘 저기압이다. 희망이나 낙이 없어도 살아야 하는 게 인생임을 아침 출근길에서 깨닫는다.

지하철역 출입구가 보인다. 각자의 직장에 가기 위해 사람들은 땅속에서 나오거나 들어간다. 정확한 시간을 지켜주는 지하철은 실로 안성맞춤이다. 어느새 환승역에 이르렀다. 열차를 갈아타라는 안내 방송과 함께 출입문이 열리면 열차 안팎이 인산인해를 이룬다. 서로 어깨를 부딪치며 바삐 가야 할 이유는 저마다의 밥그릇 때문이다.

사람들은 오늘도 아침밥을 먹고 다음 달 양식을 비축하려고 집을 나온다. 먹고사는 일은 누구도 예외 없이 수료해야 할 전공 필수과목이다. 삶이라는 과목은 누구에게는 가족 덕택에 수월할 수도 있고, 혹자에게는 초라한 성적표가 되어 오랜 기간 고달프기도 한다. 딸린 식구를 위해 누군가는 가족 대표로 일터에 나가야 밥을 마련할 수 있다. 독신이라도 일을 해야 예금통장에 먹을 쌀을 채울 수 있다. 밥이 없으면 멈추는 시계처럼 사람도 먹지 않고 살아갈 수 없다. 일을 하면서 동시에 자아실현도 되면 금상첨화일 것이지만 현실은 생각처럼 녹록하지 않다.

환승용 계단을 줄지어 오가는 행렬 속에 넓은 공간이 생긴다. 계단 중간쯤에서 손잡이에 의지해 천천히 내려가는 부녀의 걸음이 굼뜨다. 백발의 아버지가 딸의 손을 잡고 어디론가 간다. 딸은 제법 나이가 들어 보였고 거동이 불편해 장애를 앓는 듯하다. 이 시간마다 어디로 가는 것일까. 아버지가 일터로 가기 위해 딸을 맡길 곳으로 가는 것일까. 장애를 가진 자도, 그를 옆에서 보살피는 자도 슬픔과 고통은 내색하지 않는다. 그냥 묵묵히 걷고 계단을 내려가고 지하철을 타고 내린다. 그들도 내가 출근할 때 자주 만나는 사람들이다.

갈아탄 열차 좌석에 앉아 책을 읽는데 옆에 앉은 중년 여자 두 사람이 끝없이 이야기를 주고받는다. 큰소리가 아니니 거슬리진 않지만 본의 아니게 도청盜聽을 한다. 주로 자녀나 배우자, 지인들 동정이다. 그들과 하필 같은 역에서 내린다. 법조타운 인근이라 직업이 나와 비슷한 모양이다. 그 후 언제부터인가 흘끔흘끔 나를 곁눈질한다는 느낌을 받았다. 왜 나를 보고 그럴까. 부담되거나 얽매이는 걸 싫어하는 나는 다음날부터 지하철 다른 칸을 이용했다.

그녀들이 무언가 오해를 하고 있음에 틀림없다. 내가 체격이 호리하고 얼굴도 젊게 보이니 법조계 공무원이나 변호사처럼 여겼나 보다. 하기야 업무 때문에 법원이나 검찰청을 방문하면 복도에서 가끔 인사를 받는 경우가 있다. 최근에 부임한 젊은 직원들은 나를 고참 직원으로 착각한다. 기분이 나쁘지는 않다. 외모나 분위기를 보면 그들에겐 영락없는 법조계 선배처럼 보일 것이다.

도착한 전철역의 개찰구를 통과한다. 출근하는 사람들은 대개 바삐 걷느라 뒤돌아보지 않는다. 대합실에서 바라보면 작은 액자 모양의 지상 출입구가 보인다. 조그만 직사각형 속에 푸른 하늘이 들어있다. 오늘은 구름이 창공에 걸려 있다. 줄지어 계단의 오른쪽으로 걸어가는 사람들이 천국의 계단을 오르는 것 같다. 사람들의 일터가 천상처럼 자유롭고 편안하면 얼마나 좋을까. 그곳에 자기가 원하는 일터가 있고 급여 수준까지 높으면 분명 신의 직장일 것이다.

지상으로 나오면 일렬종대를 유지했던 사람들이 뿔뿔이 흩어진다. 몇 달 전에는 내 앞에 걸음이 더딘 아가씨가 걷고 있었다. 나이는 우리 집 큰아이 또래 정도일까. 병마가 할퀴고 간 듯 그녀의 다리는 연약한 나무토막 같았고, 한쪽 팔은 앙상한 데다 휘어져 있었다. 그녀가 메고 있는 작은 핸드백과 도시락 가방이 감당하기 어려울 정도로 컸다. 뼈대뿐인 몸이 출근 대열에 합류한 모습이 대견스러워 보였다.

나는 그때 슬며시 부끄러운 생각이 들었다. 그녀에 비하면 내 노동의 무게는 얼마나 가벼운가. 그녀의 출근은 밥벌이의 고달픔보다 자신의 정체성을 보여주려는 존엄한 몸부림이었다. 그녀에게 노동은 얼마나 신성한 것인가. 몸은 불편해도 스스로 본분을 다하려는 자세에서 새삼 노동의 가치를 통감했다. 내 밥벌이의 고단함이 그녀 앞에서는 엄살이 아닌가. 걸어가는 그녀 뒤에서 나는 새삼 숙연해졌다. 사람의 가치란 자신 스스로가 부여하는 것임을 그녀가 몸으로 보여주었다. 불현듯 굴곡진 인생행로를 거쳐 간 어느 미국 시인의 시가 생각났다.

> (중략) 나는 배웠다/생계를 유지하는 것과/삶을 만들어 가는 것은 같지 않다는 것을. (중략)
>
> – 마야 안젤루(Maya Angelou)의 〈나는 배웠다〉 중에서 –

한 블록을 채 못 가서 나는 이쪽으로 그녀는 저쪽으로 갈라졌다. 그녀는 사무실에 도착해 자리에 앉아 하루 일과를 시작할 것이다. 상냥한 목소리로 전화를 받고 컴퓨터 작업을 하면서 동료들과 업무상 대화를 주고받지 않을까. 자신의 처지를 비관하기보다는 삶의 기쁨을 만끽하며 하루를 보내지 않을까. 나는 투명 인간이 되어 그녀의 숭고한 노동을 지켜보다 몰래 도와주고 싶지만, 그건 어디까지나 마음뿐이었다.

다시 3월이다. 그 사람이 근래 보이지 않는다. 병이 심해져 직장을 그만둔 것일까. 아니면 불황으로 회사를 그만두어야 했을까. 비쩍 마른 몸이지만, 아침이면 생명의 활기로 출근하던 사람. 초겨울에 갑자기 사라지는 풀벌레 마냥 어디에 숨어버린 걸까. 그녀가 그토록 이어가려던 '노동'의 출근 행렬이 여전하건만. 새록새록 돋아나는 새순처럼 팔다리에 근육이 붙어서 다시금 출근길에 오르는 그녀가 보고 싶다.

제4부

# 또 다른 선택

# 종이 한 장

종이 한 장에 베였다. 내 손이 아닌 마음에 생채기가 났다. 순백의 가벼운 A4 용지는 칼날이 되어 가슴에 비수처럼 박혔다. 하룻밤 새 변심한 애인을 대하는 것처럼 아직도 실감이 나지 않는다. 그저 한숨과 탄식이 절로 터져 나왔다. 남들은 잠자리에 들 새벽녘이건만 내겐 아직 불면의 심야이다.

때때로 종이 한 장이 인생의 명암을 엇갈리게 한다. 학생이라면 예상 밖의 출제문제로 채워진 시험지를 받아 들고 머릿속이 하얗게 변한다. 직업인이면 느닷없이 날아든 공문서 한 장에 가슴이 철렁 내려앉고, 검찰이나 법원에서 송달된 서류 한 장에 사색이 되기도 한다. '세상일이 뜻대로 되지 않는다지만 이건 아닌데' 하며 후회해도 이미 엎질러진 물이다.

2019년 11월의 어느 날, 자고 일어나니 내가 가난해져 있었다. 재산이 줄었다고 알려준 건 다름 아닌 종이 한 장이었다. 부동산중개 사무실 유리창에 붙어 있는 A4 전단지를 보는 순간 깜짝 놀랐다. 처음에는 숫자 6을 9로 거꾸로 붙였다 여겼으나 그게 아니었다. 국민주택 규모(85㎡)의 아파트가 어떻게 한 달 만에 3억이나 오를 수 있는가. 저 종이가 잘못된 것일까, 내가 어리석은 것인가. 일부 지인들도 허탈감과 상대적인 박탈감을 느꼈다고 하니 나만 그런 건 아닌 모양이다.

그해 6월에 나는 11년 살았던 집을 팔았다. 불경기가 계속되고 있으니 잠깐 전세로 이사하였다가, 일 년 후 집값이 더 하락할 때를 기다려 다시 매입할 요량이었다. 하지만 이런 나를 비웃기라도 하듯, 주택가격은 갑자기 용수철처럼 튀어 올랐다. 특정 지역의 집주인들은 자고 일어나니 집값이 매일 1억씩 올라가더니 급기야 5억까지 올랐다 했다. 그들은 기고만장하고 나는 기가 차서 할 말을 잃었다.

이것은 공정한 게임이 아니다. 물가나 경제성장에 걸맞게 변하는 가격상승이야 당연하지만, 이는 기형적이고 변칙이다. 경제학 책에도 모든 재화는 수요와 공급에 따라 움직인다고 되어 있지 않은가. 2019년과 2020년에 부산지역 아파트 입주 물량은 과포화 상태라고 분명히 각종 데이터가 제시하고 있었다. 현실은 정반대이니 그저 황당한 노릇이다.

선순환되어야 할 돈이 길을 잃어버렸다. 불경기인데다 예금 이율은 낮고 각종 규제로 인해 마땅한 투자처가 없다. 갈 곳 없는 돈이 신축아파트를 찾아 투자하고, 그것도 모자라 재개발 재건축지역의 부동산값을 밀어 올렸다. 서울에서 단체로 버스를 타고 와선 지방의 돈 될 만한 부동산을 죄다 쓸어 담아 갔단 소문은 현실이었다. 종이 한 장을 연인처럼 믿고 의지했는데, 갑자기 변심하니 내 마음은 갈피를 못 잡고 허둥지둥 할 수밖에.

부동산은 우리 사회의 대표적인 재산증식 수단일 것이다. 좁은 국토에 인구는 많고 집을 지을 땅은 한정되어 있으니 좋은 재테크 방법임에 틀림없다. 어느 순간 아파트는 우리 사회 탐욕의 재화가 되었다. 그러니 남녀노소를 가리지 않고 아파트 청약과 분양 소식, 부동산투자에 큰 관심을 가지는 건 당연할 터.

손대는 일마다 돈이 붙는 사람이 있는 반면, 나처럼 별 재미를 못 보는 사람도 있다. 생각해 보니 전혀 기회가 없는 것도 아니었다. 서울 지역의 아파트 가격이 움직이는 걸 보면 언젠가는 지방 대도시도 비슷하게 따라가지 않을까 예상되었다. 하지만 강 건너 불 보듯 여겼고, TV의 시시한 프로그램에 취해 웃고 일상을 즐겼다. 결과는 마이너스가 된 것이다.

투자의 귀재인 워렌 버핏의 명언 중에 "잠자는 동안에도 돈이 들어오는 방법을 찾아내지 못한다면, 당신은 죽을 때까지 일을 해야 할 것이다."라고 했다. 그의 충고가 요즈음 가슴에 와 닿는다. 내가 현명해야 가족들의 미래가 편안하고 나도 수월하게 살아갈 수 있을 게 아닌가. 유리창에 붙어 있는 A4 용지가 내게 '그러기에 평소 부동산에 관심을 갖고, 지인들 얘기에도 귀를 좀 기울이며 살지, 쯧쯧….' 하며 혀를 차고 있었다.

옛말에 '지혜로운 자는 능히 부유해질 수 있고, 어리석은 자는 곧 빈곤해진다'더니 나를 두고 말한 듯싶다. 세상 돌아가는 변화에 눈치를 채고 대처하는 지혜는커녕, 재화와 돈이 어디로 흘러가는지 형세를 파악하는 재주는 더더욱 없다. 기껏 교과서의 수요 공급의 원칙을 신봉한 채 앞만 쳐다보았지 좌우를 살피지 못했다. 갑자기 변해버린 재화의 가치 앞에 뒤늦게 땅을 치며 후회한들 무슨 소용이랴.

부동산 유리벽의 종이는 관련 당사자에게 의미하는 바는 제각각이다. 매매와 임대차를 소개하며 거래가 체결되기를 바라는 중개인에게는 홍보물이요, 소유자에게는 높아진 재산 가치를 인정받는 감정평가서이다. 전 월세를 사는 자에겐 밤잠을 설치게 만드는 보증금 인상 예고장이 된다. 소유자를 빼면 나머지 사람들에겐 허망하다. 종이의 숫자가 변덕을 부릴수록 사람들은 처해진 상황에 따라 울고 웃는다.

집을 휴식이 아닌 소유의 대상으로 여겼다. 한탄하고 뉘우치는 이유가 오로지 배금을 향해 있으니, 내 속에 밴 속물근성을 어찌할까. 마치 자신이 불타는 줄도 모른 채 태양에 점점 다가가려는 신화 속의 이카루스와 별반 다르지 않다. 내가 재산 가치에 집착하는 것은 중산층 탈락을 두려워해서일 것이다.

재물은 없다가도 생기고 있다가도 곧 없어진다. 내가 밟고 있는 땅과 잠을 자는 집은 탐욕의 대상이 아니다. 토지와 집은 나와 더불어 부둥켜안고 먹고 자고 쉬고 노는 곳으로서 일체가 되어야 할 게 아닌가. 만약 천재지변이라도 당한다면 수억의 집값을 자랑하는 저 종이도 휴지조각이 된다. 서민이 부자가 되는 길은 그저 절약하는 습관, 검소한 생활, 그리고 맡은 일에 집중하여 필살기를 가지는 것이다. 하지만 실천하기란 쉽지 않다.

그 일이 있고 6개월이 지난 지금, 세월이 약이라더니 상처도 거의 아물었다. 지금도 내 마음은 여전히 부자로 살고 싶다. 큰 부자는 못 되어도 작은 부자는 되고 싶다. 실상은 내가 잠든 시간에도 돈이 들어오지 않으니, 천생 칠순의 나이까지 일해야 할 팔자인가 보다. 부자는 아무나 되는 게 아닌 모양이다.

# 기소 유예

사건에 연루되었다. 경찰에 출석하여 조사를 받아야 할 처지다. 평소 교통 위반 딱지도 좀체 떼이지 않는 내가 무슨 잘못을 했는가. 고소인은 아내가 아닌 아내의 울화통이었다. 가족의 원망이 나를 고소하고 싶을 정도이니 사안은 자못 심각하다. 이에 스스로를 불구속 입건시키고, 이번 사건의 전말을 적어 타산지석으로 삼고자 한다.

오 년 전에, 나는 아내와 상의도 없이 일을 저질렀다. 부동산 컨설팅 업체의 홍보에 넘어가 앞뒤 재지도 않고 그들이 추천하는 아파트를 덜컥 매수해 버렸다. 이른바 갭 투자였다. 소액의 투자 금액으로 전세를 안고 매수하여 향후 가격 상승 시 처분하는 방법이었다. 결과가 좋았다면 아내의 분도 풀렸으련만 그렇지 못했다.

그때가 퇴직 후 일 년 반쯤 된 무렵이었다. 네 식구 생활비와 교육비가 만만찮아 퇴직금을 곶감 빼 먹듯 쓰니 걱정이 앞섰다. 가장으로서 집안 경제를 안정시키는 게 지상 과제였다. 부부 노후 자금에다 아이들 교육비와 결혼 준비 자금까지 챙기려면 여윳돈을 많이 비축할 필요가 있었다. 섣불리 선택은 했지만 결과에 대한 기대가 없지 않았다.

컨설팅 업체가 추천한 경기도 K시의 아파트가 계약 이후 줄곧 나를 괴롭혔다. 매수 당시에는 아내와 싸워 그녀를 힘들게 했고, 세입자의 전세 계약이 끝날 무렵 팔려고 해도 임자가 나서지 않았다. 전세도 잘 나가지 않았고 보증금 반환 문제로 세입자와 갈등을 겪었다. 별수 없이 이리저리 돈을 끌어모아 전세금을 내주고 집수리까지 했다. 그제야 겨우 전세가 나갔다. 얼마 후 인근 지역에 3기 신도시 건설 소식이 들려 왔지만, 집값은 여전히 요지부동이었다. 그야말로 우환덩어리였다.

기차가 탈선하듯 사람도 정도를 벗어나면 실패할 확률이 높다. 나는 빠른 지름길로 가려고 샛길을 택했다가 막다른 골목에 다다른 거나 진배없었다. 순리대로 집 근처 소형 아파트를 사서 월세를 받았더라면, 고생도 덜하고 결과도 훨씬 좋았을 것이었다. 투자의 기본을 무시하고 편법을 썼으니 혹독한 대가를 치러야 했다. 며칠간 집수리와 청소를 위해 K시에 갔다 왔다 하다가 불현듯 아버지 생각이 났다.

아버지는 시골에서 농사를 짓다 식솔을 이끌고 도시로 왔다. 가난하여 학교 문턱에도 못 갔으니 번듯한 직업을 가질 수 없었다. 친척 어른이 운영하는 굴비 도매 공장에 취직했다. 내가 어릴 때 아버지가 일하는 곳에 몇 번 가본 적이 있었다. 아버지는 경매시장에서 가져온 조기를 소금에 절인 후 새끼줄로 묶어 천장에 매달았다. 당시 여러 명이 밥벌이를 위해 굴비 두름을 짊어지거나 머리에 이고 시내로 혹은 지방으로 팔러 다녔다. 말이 공장이지 가정집 좁은 마당에 비를 피하는 설비를 한 게 전부였다. 내 기억에도 굴비들이 새끼줄로 주렁주렁 엮어져 있었다. 천장에 매달린 굴비가 마치 부양해야 할 자식들이 입을 벌린 채 매달려 있는 듯 보였다.

굴비는 우리 식구의 유일한 밥줄이었다. 아버지는 가끔 지방에 며칠씩 장사하러 갔다. 굴비 두름을 넣은 무거운 나무 상자를 짊어지고 행상을 했다. 지방에 가기 위해 이른 새벽에 시외버스를 탔다. 교통수단이 별로 없던 그 시절에 어떻게 이 마을 저 마을 다니며 팔았을까. 생물이 상하기 전에 팔아야 한다는 초조함에다 혹여 비라도 만나면 당연히 낭패였을 것이다. 여섯 식구를 책임진 가장이니 얼마나 절박하고 속이 타들어 갔을까. 지금도 굴비를 보면 아버지의 쭈글쭈글한 주름살과 함께, 심줄이 튀어나온 거칠고 투박한 손이 생각난다.

어린 시절, 나는 가난한 아버지를 원망했다. 중학생이 되어서도 달동네를 못 벗어났으며 살림살이가 나아지지 않았다. 참고서는 언감생심이고 학용품도 몇 번을 졸라야 겨우 살 정도였다. 게다가 내가 중학교를 졸업하면 공장에 취직하는 걸 당연시했다. 그때부터 나는 아버지처럼 살지 않겠다고 다짐했다. 그랬던 나도 아버지처럼 돈을 버는 재주는 없는 모양이다. 지혜도 배짱도 없고, 투자에는 아버지보다 더 깜냥이 안 되었다.

우여곡절 끝에 골치 덩어리였던 아파트가 팔렸다. 주판을 튕겨 보니 앞으로 남고 뒤로 밑졌다. 3년간 마음 고생한 보상은 어디에도 없었다. 잔금을 받고 등기서류를 넘겨주고 나오면서 골치 썩이던 아파트를 한참 쳐다보았다. 일렬종대로 엮인 조기 두름 모양의 아파트 창문들이 나를 보면서 뭐라고 수군대고 있었다. 신중해도 힘든 게 투자인데, 어찌 그리 무모하게 덤볐냐며 내 경박함을 꾸짖는 소리처럼 들렸다.

귀가하는 기차 속에서 서울 아파트 가격이 최근 3년간 52퍼센트 상승하였다는 뉴스가 나왔다. 내가 사는 지역도 특정 해안가의 아파트는 갑절로 올랐고, 역세권 신축 아파트도 많이 올랐다. 잠잠하던 구축 아파트까지 꿈틀대며 기지개를 켰다. 다시 매수하려 해도 격차가 너무 벌어졌다. 허탈하고 어이가 없었다. 3년간 입술이 부르트도록 열심히 달렸건만 번지수를 잘못 짚었다. 마음도 만신창이가 되었다. 같은 시점에 같은 돈을 가지고도 누구는 재산이 늘고 누구는 왜 감소하는 걸까.

집값에 대한 뉴스가 나올 때마다 마음이 불편한 사람들이 많다. 무주택자나 세입자는 천정부지로 치솟은 집값 앞에서 점점 작아지고 암담한 심정에 어쩔 줄을 모른다. 한숨과 탄식으로 밤잠을 설칠 게 틀림없다. 가진 게 없어 일에만 매달렸던 그들은 고공 행진을 거듭하는 아파트 가격을 보며 얼마나 박탈감을 느꼈을까. 그들에게 죄가 있다면 자본 소득이 아닌 근로 소득에 치중할 수밖에 없는 환경이 전부일 터. 기형적인 사회 현상과 부조리가 주범일 것이다. 부동산을 가진 자와 가지지 못한 자의 격차가 벌어지는 것은 과연 누구의 책임인가.

재테크에 실패한 가장은 어떤 벌을 받아야 할까. 타인에게 재산상의 이익을 주고 가족에게는 손해를 끼친 배임죄가 첫 번째요, 3년간 가족 곳간을 채우기는커녕 도리어 축낸 직무 유기가 두 번째 죄목이다. 작은 이익을 탐하다 눈앞의 큰 기회를 간과하였으니 소탐대실 죄가 마지막 죄목이다. 최종적으로 아내에게 송치된 이 사건은 다행히 정상이 참작되었다.

2020년 가을, 내 이름 석 자에 기소 유예라는 빨간 줄이 선명하게 그어졌다.

# 해는 서산으로 기울고

몸이 천근만근이다. 과로한 적도 없는데 아침에 일어나면 피곤하다. 어떤 날은 자면서도 끙끙 앓는 소리를 낼 정도다. 게다가 치아도 시원찮다. 몇 달 전에 임플란트 시술로 어금니 3개를 뺐는데 또다시 치통으로 밤잠을 설친다. 장기간 사용한 기계처럼 내 몸 곳곳에서 고장 신호를 보낸다.

허리춤도 헐렁하다. 나는 마른 체형인데도 몇 해 전부터 체중이 줄고 쪼그라드는 느낌이다. 남자는 나이 들수록 나잇살에 맞게 살이 적당히 붙어야 보기 좋다는데, 나는 정반대다. 호리한 몸통에 뱃살마저 들어가고 피부는 탄력을 잃어간다. 어깨는 자꾸 앞쪽으로 기울고 등이 굽는 자세가 나온다. 세월의 나이테를 더할수록 허무하다는 생각이 자꾸 든다.

노화를 늦추려면 운동이 필수다. 주말에는 집 근처 해안가 호안 도로를 걷는다. 광안대교가 가깝게 보이는 곳이라 제법 사람들로 붐빈다. 운동시설이 갖춰진 구역에는 노인들이 많다. 젊은이들은 빠른 걸음으로 산책하거나 뜀박질을 한다. 내가 평행봉에 매달려 있을 때, 30대 후반으로 보이는 여자가 몸에 착 달라붙는 운동복을 입고 지나간다. 늘씬한 곡선미가 아름답다. 예쁜 얼굴과 우아한 자태가 관능적이다. 싱그러운 젊음이 마냥 부럽다.

호안 도로를 산책하는 사람들이 줄지어 오간다. 걸어가는 남녀의 위치를 보면 누가 보호자인지 알 수 있다. 부부도 젊은 시절에는 남자가 앞서 걷다가, 노년에 접어들면 여자가 앞장서는 경우가 많다. 노인 부부가 손을 잡고 걷는 것은 금슬이 좋아서 만은 아닐 것이다. 어느 한쪽이 다리가 부실해 쉽게 넘어지거나 시력이 약해져 잘 보이지 않으니, 지팡이 대신 손에 의지할 수밖에 없을 터. 두 발로 잘 걷다가도 기력이 쇠하면 세 발로 걷는 게 사람이다.

햇살이 서편으로 누우려는 모양이다. 바다 건너 초고층 빌딩들이 노을빛에 반사되어 붉게 불타고 있다. 나도 걷기를 멈추고 뜀박질을 시작한다. 빠른 속도로 달려 보겠다고 마음을 먹지만 옆에서 빨리 걷는 사람들과 별반 차이가 없다. 예전의 컨

디션이 아니다. 마음이 앞서니 몸이 자꾸 앞으로 기운다. 인체의 중심인 코어 근육이 약하고 다른 신체 부위도 부실해졌다.

거실에 앉아 빨래 개는 아내의 머리에도 하얀 서리가 내렸다. 아내의 얼굴도 예전과 달리 탄력을 잃고 푸석푸석하다. 말은 아니 해도 그녀 마음 역시 처량하고 서글플 것이다. 이승에서 못난 자의 아내가 되어 마음고생을 많이 한다. 그녀도 체력이 약한 편이다. 아내의 반백 머리를 두고 주위에서는 염색하라고 말들이 많다. 하지만 내 입장에서는 아내의 흰머리가 자연스럽고 정겹게 보인다.

세월이 가면 사람도 사물도 다 노쇠해지기 마련이다. 팽팽하던 겉모습은 탄력을 잃고 뼈는 굳어진다. 일상이 덤덤하고 김빠진 맥주 같은 황혼기를 누구라도 피할 수 없을 터. 나는 남들에 비해 약골이 되어 노화가 빠르게 진행될 가능성이 높다. 그렇다고 일부러 몸에 좋은 음식이나 건강 보조 식품을 챙기는 것도 아니다. 건강에 대한 염려가 지나치면 병이 되지 않을까 싶다.

또 끼니때가 되었다. 나는 삼식이 남편이다.

"밥이 참 잘 되었네."

미안한 마음이든 아니든 식탁에 앉으며 한마디 던진다. 어른들 말이 여자가 밥을 잘 하면 신랑 복이 있다고 한다. 그 말은 허무맹랑한 소리 같다. 그게 맞는다면 아내는 나로 인해 복이 있어야 하는데 그렇지 않다. 여자가 살림과 요리를 잘해야 남자가 바깥에서 힘을 낼 수 있다는 시댁 쪽의 터무니없는 논리에 불과하다. 이왕에 밥을 지을 요량이면 맛있게 하라는 부탁일 것이다.

아내는 주방 구석에 서서 혼잣말로 대꾸를 한다.

“먹는 건 개를 주는 건지? 원…. 먹여 보아야 재미가 없어.”

나는 못 들은 척 딴청을 피운다. 그녀가 애써 준비한 육류와 유기농 먹거리로 성찬을 베풀어도 신랑이라는 작자는 여전히 마른 몸매이니 민망하다. 삼시 세끼 꼬박꼬박 챙겨 먹어도 소용이 없다. 밑 빠진 독에 물 붓는 격이다. 아내의 정성은 헛수고가 되었고, 남들로부터 오해를 받을까 속상한 것이다. 남의 눈에는 여자가 밥을 잘 챙겨주지 않아 몸이 저럴까 생각할 수 있는 일이다. 신랑을 반품할 수 있다면 반품이라도 하고 싶은 심정일 것이다. 가족 건강을 생각하는 그녀의 욕심은 그래도 소박하다.

나는 나이가 들수록 욕심이 늘어난다. 예전보다 떨어진 신체 기능에 미련을 떨치지 못하고 강박관념에 시달린다. 물욕은 갈수록 주체하지 못한다. 자산 가격 급등기에 재산을 불리지 못한 후회로 밤잠을 설친다. 내가 왜 이러는지 모르겠다. 이것은 내가 흥망성쇠라는 간단한 이치를 깨닫지 못해서 그런 것일까. 성盛하고 쇠함이 내 육신에는 예외일 것이라는 잘못된 이기심 탓도 있을 것이다. 늙음을 인정하지 않는 것은 자신을 속이는 것과 같다. 영원히 흥하고 끝없이 성한 경우는 없다.

내 황혼은 어떤 모습일까. 나이를 먹어도 언행에 배어 있는 속물근성을 떨치지 못하는 게 아닐까. 세월의 때가 끼면 추해지기 마련이지만 모든 게 그런 건 아닐 것이다. 백 년이 넘은 고목에는 온갖 풍상을 견뎌낸 백전노장의 당당한 기품이 있다. 외관의 늙음은 막지 못해도 내면의 젊음을 유지한다면 우아하게 늙지 않을까. 가능하다면 인생의 뒷모습이 아름다운 사람이 되고 싶다.

노화와 죽음은 누구도 막을 수 없다. 깊은 주름살과 백발, 노쇠한 몸을 받아들여야 정갈하게 늙어갈 수 있다. 엘리너 루스벨트(Eleanor Roosevelt)는 “아름다운 젊음은 자연의 우연한 현상이지만, 아름다운 노년은 예술 작품이다.”라는 명언을 남겼다. 노년기에는 어떻게 활동하느냐에 따라 스스로 명작이 되기도 하고 초라한 졸작이 되기도 한다. 건강이 허락할 때까지 꾸준히 일하고 공부하는 습관이 최선의 방책일 것이다.

돌아보니 무엇 하나 이룬 게 없는데 해는 벌써 서산으로 기울고 있다. 사라져가고 상실된 것들을 잡아 보려고 발버둥을

쳐도 부질없는 짓이다. 생자필멸生者必滅이라는 명제가 왠지 서글프게 다가온다. 주어진 삶에 경의를 가지고 자연에 순응하며 살아갈 일이다.

# 국기

"…… (중략) 이상과 같은 이유로 다음과 같이 판결합니다.

주문主文 : 상고를 모두 기각한다. 상고 비용은 피고가 부담한다."

2018년 10월 TV에서 이춘식 옹(실제 나이 98세)이 눈물을 글썽이는 장면이 나왔다. 휠체어에 의지한 채 판결 선고를 듣는 그는 만감이 교차되는 모양이었다. 소송의 원고였던 네 명 중 세 명은 이미 죽었고, 소송 시작 14년 만에 최종 승소한 것이다.

오 년 전인 2013년, 강제 징용 피해자들은 일본 전범 기업을 상대로 손해 배상을 청구한 소송에서 대법원으로부터 승소 판결을 받았다. 일본 기업들이 불복하여 재상고심에 올라왔는데, 오늘이 재상고심 판결 선고를 하는 날이다. 옹은 죽기 전에 일본과 전범 기업으로부터 진심 어린 사과 한마디 받고 싶었다. 피해자가 불법 행위로 인한 죄를 물었으면, 가해자는 손해 배상과 함께 사죄하는 게 순리라고 믿었다. 하지만 상대방은 거룩한 인류애와는 애당초 거리가 멀었다.

일본에 건너갔던 당시, 이춘식 옹의 나이는 스무 살을 갓 넘겼다. 그의 운명을 바꾼 건 동네 어귀에 붙어 있는 한 장의 벽보였다. 일본 본사에서 기술을 배우면 숙식과 임금까지 보장하며, 이 년간 훈련공으로 근무 후 귀국하면 국내 제철소에 기술자로 취직할 수 있다는 귀가 솔깃한 내용이었다. 가난한 집안 살림에 보탬이 되는데다 번듯한 직업이 생긴다는 희망에 들뜬 마음으로 현해탄을 건넜다. 한반도의 온갖 고난이 옹의 몸과 삶에 새겨지기 시작했다.

일본에서의 생활은 노예나 마찬가지였다. 새벽에 일어나 하루 12시간 가까이 중노동에 시달렸다. 좁은 기숙사 방에서 10명 이상이 함께 생활했으며 식사의 양이나 질도 현저히 부실하였다. 삼엄한 감시와 차별 속에서 제대로 된 월급조차도 수령하지 못했다. 노동은 힘들고 위험한 직무의 단순 반복이었다. 그는 철 파이프 속에 들어가 석탄 찌꺼기를 제거하는 일을 했고, 동료들은 화로에 석탄을 넣어 부수거나 용광로에서 철이 나오면 다시 가마에 넣는 일을 맡았다. 석탄 먼지를 마시는 데다 열상과 화상에 노출되며 고통스런 삼 년을 버텼다.

낯선 이국땅에서 매일 아침 점호를 받으며 그는 무슨 생각을 했을까. 열악한 근로 조건과 비인간적인 대우, 나라 잃은 울분이나 번민보다는 부모 형제에 대한 미안함과 그리움이 앞섰을 것이다. 사무실 건물 앞에 게양된 일장기와 제철회사 깃발을 좋던 싫던 쳐다볼 수밖에 없는 처지. 어디에서 파란 물감을 구해다가 저 붉은 원의 절반을 파란색으로, 나머지 흰 여백에 괘를 긋고 싶지는 않았을까. 불타는 염원을 담은 깃발만큼 가슴 벅차고 뜨거운 것도 없는 법이다. 해방이 되고 귀국하여 태극기를 바라보는 그의 감회는 또 어떠했을까.

80년대 중반, 내가 신병 훈련소에 입소하던 때가 생각난다. 의정부에서 집결 후 단체로 버스를 타고 경기도 모 사단 신병 훈련소에 도착했다. 부대 정문에는 호랑이가 사람을 잡아먹을 듯 아가리를 쩍 벌린 마크가 새겨져 있었다. 입소 신고식을 하며 국기에 대한 경례를 할 때였다. 갑자기 내 눈시울이 뜨거워지는 걸 느꼈다. 국군으로 복무한다는 자랑스러운 군인 정신이 입대 첫날부터 충만했던 것이다.

솔직히 국기에 대한 맹세문 내용대로 몸과 마음을 바쳐 충성을 다할 이유는 없다. 맹목적이고 무조건적 서약은 있을 수 없는 게 아닌가. 나는 다만 '조국과 민족의 무궁한 영광을 위하여' 라는 문장이 감격적이었고, 최소한 그것들은 배신하지 않으리라는 각오를 했다.

내가 국기에 대한 경례를 하면서 잠시 울컥한 것은 몇 가지 이유가 있었다. 자유와 정의가 보장되는 독립된 나라의 국기 아래 있다는 사실과, 허약 체력의 나도 병역 의무를 다할 수 있다는 자긍심이 감격스러웠던 모양이다. 당시 주경야독했던 나에게 군대 생활은 휴식과 체력 단련을 아우를 수 있는 기회이기도 했다. 제대하면 다시 은행에 복직하니 저절로 순정적인 국가관을 가질 도리밖에 없었을 터였다.

이춘식 옹이 일본에서 보던 깃발에는 식민지 청년의 비애와 절망이 뒤섞여 있었을 것이다. 가해자가 아닌 피해자의 집단에 속했으니 운명을 어찌해 볼 도리가 없었을 터. 당시 일장기는 탐욕과 몰염치의 깃발이었다. 동양 평화와 일본 제국의 번영이라는 기치 아래 온갖 수탈과 탄압을 자행했다. 일제 군국 깃발은 아시아 사람들에게 고통과 아픔을 가하고도 내 몰라라 하는 파렴치 행위의 선봉이었다.

대부분의 일본인 개인은 남에게 피해를 주지 않고 상대를 배려하는 사람일 것이다. 하지만 깃발 아래 모여 집단을 이루면,

사람이 변해 도덕성은 헌신짝처럼 던져 버린다. 자국민을 애국심에 호소하고 평화를 위한다고 하니, 알량한 권력을 마구 휘둘러 만행을 저질러도 양심의 가책을 느끼지 못한다. 평범한 사람도 완장을 차면 권위와 특권의식으로 활개를 치는 것과 진배없다.

만약 우리가 국내 소재 외국인 근로자들을 특정 장소에 감금하고 임금도 주지 않고 강제로 노동력을 착취했다면 어떨까. 강제 노동은 중대한 인권 침해인데, 우리 정부와 피해국 정부가 거액으로 정치적 합의를 했다면 과연 정의에 부합된 일일까. 국가 간 합의가 있었다고 개인의 배상 청구권이 없어지는 건 아니다. 일본 역시 연합국과의 강화 조약에서 모든 청구권을 포기한다고 서명했지만, 원폭 피해를 당한 자국민이 미국을 상대로 한 개인의 배상 청구권은 소멸하지 않았다고 주장하지 않는가. 그런 그들이 한일청구권 협정에서 이미 끝난 문제라고 주장하는 것은 언어도단이다.

나는 한때 역사를 좋아했다. 개인이 아닌 집단의 운명에 관심이 많은 편이었다. 일제 강점기 가해자 집단은 어디에 있는가. 그들은 여전히 건재하다. 자국 헌법을 개정해 대륙 진출의 욱일기를 내걸려는 욕망은 현재 진행형이다. 가끔 TV에서 그 집단의 언행을 보다 보면 섬뜩한 생각이 든다. 역사를 잊은 민족에게 미래는 없다는 말은 만고의 진리이다.

만약 내 생년이 사십여 년 빠른 1920년대 출생이라면, 나 역시 징용이나 징병 대상이었을 나이였다. 직업 선택의 여지가 별로 없던 그 시절에 무엇을 할 수 있었을까. 그저 일본인 감독관의 눈을 피해 이춘식 옹과 함께 땅에 고향 산천과 태극기 그림을 그리며 향수를 달랬을 것이다.

# 책을 버리며

이제는 우리가 헤어져야 할 때가 왔다. 이사 날짜가 정해졌으니 책장을 정리해야 한다. 책을 한 권씩 들추니 책들이 시큰둥한 표정으로 야속한 주인을 흘겨본다. 오랜 세월에도 상태가 좋은 책이 있는 반면, 어떤 책은 해지고 낡았다. 오래된 책에는 특유의 냄새가 있다. 냄새라기보다는 향기라고나 할까.

서고에 꽂힌 책은 주인의 삶의 방식이나 관심사를 알려준다. 사람의 성격과 기질에 따라 독서 방식이 다르기 때문일 것이다. 내 책꽂이에는 사랑과 자유, 연애를 주제로 한 책이 거의 없다. 즐거움이나 재미를 주는 것도 없다. 지친 영혼을 달래주고 위로해 줄 흔한 시집 한 권 제대로 보이지 않는다. 한 분야의 전문 서적 중심도 아니다. 기껏해야 금융이론이니 파생상품이니 하는 전공 도서 몇 권이 고작이다. 책조차 주인을 닮아 감수성이 없고 메마르다.

책을 정리하다 보니 내 독서 수준이 새삼 부끄럽다. 독서다운 독서도 못 한데다 한쪽으로 치우친 걸 뒤늦게 깨닫는다. 편협한 성향과 좁은 시각으로 바라본 독서는 깊이가 없고 저급할 정도이다. 줄줄 외우는 주입식 교육에 익숙한데다 한정된 분야에 갇혀 있었으니 사유 능력은 더 말해 무엇할까. 교양도서라고 몇 권 꽂혀 있는 것도 구색 맞추기에 지나지 않는다. 책을 모을 줄만 알았지 실생활에 응용할 방도는 더더욱 몰랐다.

책을 버리면서 젊은 날의 꿈도 버린다. 고교 시절, 내 장래 희망은 공무원이 되는 것이었다. 공복公僕이 내 적성에 맞다 여겼지만 유독 관官에 인연이 없었다. 총각 때 몸은 은행에 있어도 그에 대한 미련을 쉬 버리지 못했다. 그래서일까. 처음 부임한 순간부터 퇴임 날까지의 마음가짐을 적은《목민심서》가 이제는 그만 포기하라고 눈짓을 한다. 혈기 왕성했던 시절에는 실생활에 소용되는 실학을 좋아했고, 다산과 연암 선생의 유려한 문체에 매료되기도 했다. 애지중지했던 책을 던지며 붙잡지 못한 내 꿈도 접는다.

활자에 집착한 건 중고교 시절이었다. 산중턱 달동네에는 우리 집처럼 하루 벌어 하루 먹고 사는 집이 대부분이었다. 형편이 나았던 몇몇 집을 제외하곤 중학을 졸업하면 또래나 형들은 공장에 취직했다. 우리 집도 예외가 아니어서 여섯 식구가 겨우 입에 풀칠하는 정도였다. 중학교를 졸업할 즈음 나도 가족들의 기대와 눈치에 부딪혔다. 학교 근처에도 못 가본 부모는 내가 빨리 집안 살림에 보탬이 되기를 원했다. 장남이요 동생이 세 명 있으니 당연했다. 공장행이냐? 고교 진학이냐? 내 인생의 첫 번째 기로였다. 공장행을 피하기 위해서는 공부를 해야 했다. 그때부터 교과서를 달달 외우다시피 했고, 영어 단어를 매일 손바닥에 적어 외웠다. 우여곡절 끝에 실업계 고교를 가는 것으로 결정되었다.

돌이켜 보니 학창 시절 나를 키운 건 8할이 책이었다. 학창 시절, 교과서는 가난과 맞서 싸우는 생존 수단이자 수호천사였다. 그때의 책은 자존감을 공급해 주는 충전소였으며 마음에 위안을 주는 종교였다. 어디로 가든지 책을 들고 다니는 버릇은 그때부터 시작되었다. 자투리 시간을 활용하기 위한 방책이기도 했지만, 책 속에 길이 있다는 걸 확신하고 싶었다.

그런 초심이 나도 모르게 변해갔다. 주경야독하던 이삼십 대 시절, 책을 브랜드 가방처럼 늘 옆구리에 끼고서 뽐내고 다녔다. 틈틈이 책 줄이라도 읽는 시늉을 했지만, 숙독하지 못하고 껍데기 지식 습득에 치중했다. 지금 와서 돌아보니 참으로 부끄러운 행동이었다. 책을 읽으면 타인의 생각을 들여다보고 내 관점이 바뀌어 넓어져야 하는데 그렇게 되지 않았다. 고작 몇 권의 책을 주마간산으로 지나치고서 우쭐대는 꼴이었다. 나는 그저 책을 들고 다녔을 뿐이니, 그것은 겉모습이라도 명품 브랜드로 꾸미고 싶은 심리와도 같았다.

세상에는 허세를 부리는 게 많다. 비싼 수입차나 고급 오토바이로 굉음을 내며 내달리는 것이나, 공연히 체면치레하느라 많은 돈을 쓰는 건 실속이 없는 일이다. 몸에 칼이나 지휘봉을 지니고 선글라스를 쓴 채 폼 나게 다니는 것, 남의 눈을 의식해 능력 밖의 넓은 집에 사는 것도 자기 과시를 위한 허세다. 가진 것은 쥐뿔도 없으면서 겉만 번지르르하게 차려입거나, 누구에게도 대접 못 받는 은퇴자가 거드름 피우는 습관 역시 겉으로만 드러나는 기세다.

그렇게 아꼈던 책을 노끈으로 묶어 폐지 더미에 던진다. 내 가슴속 야망과 함께 과시하고 싶은 허영심도 같이 버린다. 전공 서적들도 헌신짝처럼 차 버린다. 누군가가 나를 다시 불러 써 줄 리가 만무하다. 왜 그토록 학위 논문을 받고자 발버둥 쳤을까. 진정한 학문 연구가 아닌 출세와 명예를 바라는 욕심이 앞섰을 것이다. 염불에는 관심이 없고 잿밥에만 눈독을 들인 꼴이다. 욕망은 물거품이 되었고 겉치레였던 책은 파지가 되어 다시 태어날 것이다.

더는 쓰지 못할 만큼 상하거나 더러워져 관심을 받지 못하면 버려야 한다. 냉장고 속의 오래된 식자재나 몇 번 입고는 장기간 옷장에 방치해 둔 옷이 그렇다. 제 딴에는 본연의 임무를 다하고 떠나지만, 버림을 받으면 삶에서 사멸의 길로 접어든다. 그들이 생명이 있든 하찮은 물건이든 상처를 입고 휘청거리다 결국 주저앉는다. 버려지는 책처럼 사람이나 동물도 유기되는 경우가 얼마나 많은가.

반면에 비움은 쓸모 있지만 몸에 지니지 않는 차이가 있다. 여전히 아쉬운 마음이 남아 있지만 내려놓는 것이다. 살아가면서 버리는 것을 게을리하면 뒤섞여 혼란스럽고, 비우는 데 능숙하지 않으면 걱정과 근심이 끊일 날이 없다. 버릴 줄 알아야 비로소 비움의 가치를 알게 되는 게 아닐까.

묵은 책을 버리고 오는 발걸음이 홀가분하면서 허전하다. 문득 내가 책을 버린 게 아니라, 어쩌면 책이 나를 버렸다는 생각이 든다. 나는 책을 마치 액세서리처럼 생각하고 남에게 보여주기 위해 이용했던 게 아니었을까. 책들이 겉치레뿐이고 실속이 없는 나를 버리는 게 당연하다. 폐기처분해야 할 대상은 책이 아니라 도리어 나 자신이 되어야 할 것이다.

책들로부터 버림받은 나를 돌아본다. 신학기마다 새로 받은 교과서를 겉장이 상하지 않도록 달력 종이로 책가위를 씌우던 그때의 초심이 남아 있기나 한 걸까.

# 첫 강의 교안

서류전형 합격이다. 경남 지역 K 대학 교수 초빙에 응시하여 용케 통과되었다. 제출한 강의 계획표가 현장 업무 중심이고 현실에 맞았던 모양이다. 대도시 소재 대학의 금융 전공 초빙은 잘 없어 지방까지 그물망을 넓힌 게 주효했다. 격지인들 어떠랴. 산학협력 중점교수이니 평소 아는 금융 실무를 가르치면서, 기업체 인맥을 활용하여 학교에 연결시키는 직무이기에 내 적성에도 맞는 일이다.

곧 삼월이고 개강이 얼마 남지 않았다. 경쟁률 5대 1이니 20%의 확률이다. 혹시 합격할지도 모르는 일이라 부랴부랴 첫날 강의 교안을 짠다.

"반갑습니다. 앞으로 제가 졸업반을 상대로 금융 실무교육을 담당하면서 여러분의 금융권 취업에 혼신의 힘을 다할 생각입니다. 오늘은 첫 수업이니 금융권 취업 동향과 금융 관련 회사가 원하는 인재상에 대해 이야기할 겁니다. 다음 시간에는 졸업과 동시에 청년들 상당수가 실업자나 신용불량자가 되는 시대적 문제에 대해 의견을 교환해 보고자 합니다. 현실적으로 필요한 돈 관리 요령, 대출 및 카드 사용 방법, 신용등급 체계 등 신용관리 교육을 할 거니까 되도록 빠지지 마시기 바랍니다.

최근에 여러분 주위에 스펙이 좋은 친구들이 최종 면접에서 탈락하는 경우가 종종 있지요. 입시 위주의 교육 방식과 경쟁 지상주의가 만연하여 상실된 여러분의 인성 교육을 중시할 작정입니다. 실제로 금융권 면접 당락의 절반은 인성이 차지한다 해도 과언이 아닙니다. 인성은 별게 아닙니다. 그저 입사 희망 회사의 가치에 맞추어 주는 것이지요. 가령 은행 창구직원으로 입사하려면 인사하는 각도보다 사람과 눈을 맞추어 인사하는 자세, 고객의 요구나 지시를 복창하는 태도, 동료와의 호흡과 코드를 맞추는 공감이 전부입니다. 거기다가 수업 시간 짬짬이 직장 예절과 고객 응대에 대해 이야기할 때 잘 기억하고 실천하시면 사랑받는 신입사원이 될 겁니다⋯.”

나는 내 자식 또래의 학생들을 만난다는 기대감에 벌써부터 가슴이 설렌다. 그들을 보게 되면 삼십 년 전 내 이십 대 시절이 생각날게다. 그들에게 내 시시한 학창 시절을 이야기해도 될까. 낮에 직장에 다니면서 밤에는 끼니도 제대로 먹지 못하고 야간 대학 수업을 들으려고 헐레벌떡 쫓아다니던 시절이었다. 베이비부머 세대로 실업계 고교를 졸업하자마자 직장과 대학을 비교적 쉽게 얻은 사람이 오늘날 청년 세대에게는 어떻게 비칠까. 부러움과 시기의 대상인 것은 아닐까. 그들에게 꿈과 희망을 잃지 말라는 상투적인 말조차 꼰대짓이 아닌가. 주경야독이니 형설지공은 시대에 맞지 않는 구닥다리 얘기로 들릴 수도 있겠지.

“여러분이 살아가야 할 인생은 중요한 걸 몇 개 포기할 수밖에 없다고들 합니다. 시대가 좋지 않은 상황이니 웃음조차 짓기 힘든 게 오늘날 현실입니다. 그렇다면 여러분에게 공부는 무엇입니까. ‘공부는 나에게 ㅁㅁㅁ이다.’ 한번 돌아가면서 생각나는 대로 이야기해 봅시다⋯. (중략) 모두들 지겹고 힘들고 부정적인 느낌이 많군요. 솔직히 나도 마지못해 공부했지 즐겁게 공부한 기억은 많지 않습니다. 입시와 취업목적, 입사해서는 직무상 또는 승진을 위해 억지로 한 게 아닌가 하는 생각이

듭니다.

공부를 한자로 쓰면 이렇습니다. 工夫. 이게 장인 공이지 교과서에 파묻혀 있으란 뜻은 없지요? 그러니 공부하지 마세요. 학창 시절인 지금은 열심히 놀 때가 아닌가 여겨집니다. 여기까지만 듣고 누군가 대학 본부에 가서 이르면 저는 바로 해고됩니다. 한국말은 끝까지 들어볼 필요가 있습니다. 공부를 잘하는 이는 어떤 사람일까요. 국영수를 고득점 받는 사람? SKY대 출신? 모두 아닙니다. 이곳 지방에서 오랫동안 농림축산어업에 종사하는 여러분의 부모님과 친인척이 아닐까요. 그분들은 대개 제대로 된 교육조차 받지 못하셨음에도 하늘과 땅의 기운, 동식물의 변화나 움직임, 바닷물의 동태만 보고도 앞일을 예견하고 대처하시는 분들입니다. 공부는 실제 생활에 도움이 되는 것이어야지 텍스트만 파고드는 게 공부가 아니란 뜻입니다.

공부에만 너무 집착하지 말고 짧은 학창 시절을 즐기도록 하십시오. 평소 못 갔던 지역에 무전여행도 가끔 가고, 뜻이 맞는 친구랑 삼삼오오 어울려 취미 활동이나 새로운 경험을 많이 하셔야 합니다. 단지 한 가지 늘 염두에 두어야 할 게 있습니다. 내가 어떤 걸 할 때 가장 즐거워하고 행복한가. 사람과 더불어 어울리는 걸 즐기는가. 혼자 하는 작업을 좋아하는가.

내게 어떤 소질이 있는가를 발견하려면 다양하게 놀아 보아야 압니다."

'스펙 쌓지 말고 놀아야 한다고? 무슨 귀신 씻나락 까먹는 소리야?' 이게 만약 학생들 속마음이라면 수업 분위기가 싸늘해지고 진짜 해고되는 건 아닐까. 내가 학창시절에 하지 못했던 일을 강요하는 건 아닌가. 눈높이를 낮추어 수십 번 입사 지원을 해도 서류 전형조차 통과하기 힘든 현실을 모르는 얼빠진 교수라고 뒷담화를 할지도 모른다. 바늘구멍 같은 취업 전선에 짓눌려 벌써 풀이 죽어있는 얼굴들을 위로하는 멘트로 과연 적합한 것일까.

"2017년인 올해 고3인 저의 집 막내가 혼잣말처럼 그러더군요. '앞으로 뭐해 먹고 살아야하나?' 고교생조차 미래의 생업을 걱정하는데 머지않아 사회인이 될 여러분의 고통이야 더 말해 무엇하겠습니까. 여러분에게 앞으로 수십 번의 낙방이 기다리고 있을 겁니다. 그렇다고 내가 이 정도 밖에 되지 않느냐며 점점 낮아지는 자존감에 갇혀 살면 어찌 될까요. 괴롭고 힘들 때는 혼자 고민하지 말고 친구에게 하소연도 하고, 울고 싶으면 소리 내어 울기 바랍니다. 자기 자신을 정화시키지 않고는 발전이 없으니까요. 가끔 고기가 먹고 싶거나 소주 한 잔이 생각나면 두 명 이상이 짝을 지어 아빠 같은 나를 부르세요. 경비 걱정은 안 해도 됩니다. 은행에서 33년을 근무했으니 그럴 돈은 충분히 모았겠지요.

지금은 4차 산업혁명 시대가 되어 앞으로 영원한 직장은 없다고들 합니다. 각자가 어느 길로 나아가는 게 좋을지는 나도 잘 모릅니다. 한 가지 확실한 것은 가슴을 뛰게 하고 시간 가는 줄 모를 만큼 집중할 수 있는 일이 본인의 길이 될 겁니다. 공공직이나 대기업처럼 잘 닦인 도로에는 인산인해로 경쟁이 치열합니다. 누구는 열악한 조건의 중소기업에서 근무할 수도 있고, 혹자는 새로운 직업을 찾는 '창직'의 길을 걸을 수도 있습니다. 어쩌면 많은 위험을 동반하는 창업이나 사업이 체질에 맞는 사람도 있을 겁니다.

누구나 탄탄대로를 달리고 싶어 하지만 세상일 마음먹은 대로 되는 것은 열에 한두 가지 밖에 되지 않을 겁니다. 지금 신작로를 다닌다 하여 성공한 삶이라 할 수 없으며, 골목길이나 오솔길 심지어 가시덩굴을 헤치며 힘겹게 길을 걷는다 하여 낙담할 필요는 조금도 없습니다. 설사 잘못된 길로 접어들어도 살다 보면 인생의 진로를 바꿀 수 있는 기회가 한두 번은 늘 찾아오게 마련입니다….(중략)"

여기까지 작성해 두고 최종 결과를 기다렸다. 불합격의 통보가 왔다. 면접 전형 당일, 후보자들은 서울, 부산, 대구, 진주 등지에서 왔다. 계약 만료된 현직 교수도 1차 합격자 명단에 있었는데, 우리는 그를 위하여 들러리를 선 모양이다.

# 산동네 고샅길

사람들은 이곳을 달동네라 불렀다. 유년과 학창 시절을 여기서 보냈다. 나에겐 엄연한 고향인데도 어떤 정감이나 푸근한 느낌은 들지 않는다. 가난한 사람들은 밥벌이에 바쁜 탓인지 얼굴 보기가 힘들었다. 달동네는 구수하고 정겨운 시골 같은 느낌이 없지만, 그래도 고향은 고향이다.

산비탈 기슭의 집들은 다닥다닥 붙어있었다. 슬레이트 지붕들이 다랑논처럼 고만고만했다. 앞집 지붕의 수평선이 뒷집의 방바닥과 높이가 비슷했다. 안방 창문 밖으로 손을 내밀면 뒷집 축대나 옆집 벽에 손이 닿을 정도였다. 길가의 집들은 대개 담이 없었고, 우리 집도 마당과 담이 없어 다니는 행인들이 집 안을 들여다볼 수 있었다. 방 2개씩을 배치한 집들이 차지한다툼 없는 모습이 형제지간처럼 우애 깊어 보였다.

고샅길은 직선보다 곡선에 가까웠다. 우리 집 앞 골목길은 한 사람이 겨우 다닐 정도의 폭이었고, 축대로 이루어져 있었다. 산에서 나오는 돌을 주워서 진흙과 함께 쌓아 올린 축대가 곧 길이 되었다. 축대의 돌 틈 사이에는 쥐들도 같이 살았다. 길바닥은 시멘트 포장이 되었지만, 모래를 많이 섞은 탓에 부실 공사처럼 보였다. 당시 축대 속의 돌들은 집과 길을 지탱하던 주춧돌이었고 그곳에 사는 사람들의 버팀목이기도 했다.

가로로 이어진 길과 달리, 세로의 고샅길은 계단과 함께 경사가 급했다. 어쩌다 집터와 수평인 평평한 공간이 된 곳은 아이들의 놀이터가 되었다. 가끔 어느 집이 변소를 퍼서 똥장군을 옮기기라도 하면 여기저기 오물이 튀어 구린 냄새가 진동했다. 그러다가 비라도 내리는 날은 산에서 내려오는 빗줄기와 합세하여 고샅길로 세찬 급류를 이루었다. 비가 그치면 길바닥 똥은 흔적도 없이 사라졌다. 길 모양은 형편없어도 배수로 역할은 충분히 했다. 폭우에도 집들이 쉽게 무너지지 않은 건 급경사라 배수가 잘되어 그럴 것이다.

나는 그 길 위로 물을 길어 날랐다. 수도 시설이 산동네까지 들어왔지만, 우리 집은 상수도의 하염없는 은총을 입지 못했다. 여섯 식구가 생활하려면 물이 많이 필요했다. 어머니가 물동이를 이고 걷다가 길에서 미끄러진 이후, 장남인 내가 그 소임을 자처했다. 찌그러진 바께쓰를 들고 옆 동네 공동우물에 가서 다람쥐 도토리 물어 나르듯 여러 번 물을 날랐다. 겨울철이면 우물에선 김이 뿜어 나왔고, 물독과 바께쓰에도 김이 났다. 한눈을 팔거나 미끄러지면 바로 앞집 배수구로 처박힐 수 있는 게 겨울철 고샅길이었다.

그곳 사람들 형편은 그만그만했다. 공장 근로자나 일용직 등 도시 빈민들이 많이 살았다. 행상으로 근근이 살아가던 우리 식구들은 비슷한 형편의 이웃과 가까웠다. 친구나 형들은 대개 중학교를 졸업하고 공장에 많이 갔다. 그나마 형편이 나았던 사람들은 우리 집 오른쪽에서 쌀집을 운영하는 가족과 왼쪽에 살던 회사원 가족이었다. 두 집의 아이들과는 함께 놀지 못했다. 아이를 대학에 보낼 수 있는 집과 목구멍이 포도청이었던 집과의 현격한 차이는 70년대나 지금이나 별반 차이가 없었다. 지금 생각하니 피식 웃음이 나오지만 어쩔 수 없는 현실이었다. 달동네에도 빈부격차로 교육이 양극화되고 이웃 간 벽이 있었다.

중학교에 다닐 무렵의 일이다. 아버지에게 맞지 않으려고 마을 어귀까지 좁다란 고샅길을 따라 줄행랑을 친 적이 있었다. 공납금 납부 마감일이 지나서, 내가 어머니에게 빗쟁이 독촉하듯 짜증을 낸 게 화근이었다. 그날 나는 고샅길에 우두커니 서서 가난이라는 딱지가 덕지덕지 붙은 우리 집을 바라보았다. 그리고 반란을 꿈꿨다. 가난과 일대일로 맞서 반드시 이기겠다는 전의를 불태웠다.

학교에 가려면 아랫동네를 거쳐 동구 길로 나가야 했다. 아랫동네는 평지가 많았고 산동네보다 잘 사는 집이 많았다. 그 동네 어디쯤에 내가 짝사랑했던 여학생도 살고 있었다. 같은 초등학교를 다녔어도 이름도 성도 사는 집도 몰랐다. 고샅길에서 조우하거나 먼발치에서 지나가는 걸 보면 얼굴이 달아오르고 가슴이 뛰었다. 그렇지만 중고교 시절에 통틀어 서너 번 본 게 전부였다. 그녀의 얼굴을 자세히 볼 용기도 없었고, 땟국이 흐르는 꾀죄죄한 내 모습이 부끄럽기도 했다.

학교를 파하면 친구들과 축구를 하거나 고철을 캤다. 당시 동구 앞 넓은 공터에는 군부대가 주둔해 있다가 떠나간 지 얼마 되지 않았다. 울퉁불퉁했던 공터에는 고철이 제법 파묻혀 있었다. 동네 동무들과 어울려 철제 막대기나 호미를 들고 땅을 팠다. 볼트, 너트 같은 쇳조각이나 큰 쇳덩어리를 발견하면 유적지 유물을 발굴한 것처럼 횡재한 기분이었다. 캐낸 고철을 엿장수에게 주고 엿으로 바꿔 먹는 재미가 쏠쏠했다. 마땅한 돈벌이가 없던 사람들은 삽과 대야를 들고 생업인 양 죽기 살기로 고철 찾기에 매달렸다.

고교 시절에는 학교에서 대부분 시간을 보내고 잠만 집에서 잤다. 늦은 밤 귀가하여 우리 집 마당 겸 골목길에서 가쁜 숨을 몰아쉬었다. 집 앞 출입문 계단에 걸터앉아 멀리 부산항의 불빛을 바라보았다. 달빛과 항구의 불빛에 어둡다는 생각은 조금도 들지 않았다. 산비탈에서 나를 단련시켜 기필코 산동네를 벗어나리라 마음먹었다. 어쩌면 어려운 환경이 나를 일찍 철들게 했는지도 모를 일이다.

고교를 졸업하던 해, 나는 산동네를 떠났다. 약관의 나이에 요행히 은행원이 되었고 서울 소재 대학을 다니며 주경야독을 시작했다. 산동네 동무나 형들보다는 성공한 셈이라, 부모의 어깨에 잠시나마 힘이 들어가게 했을 것이다. 5년 후에는 양옥집으로 이사하면서 아예 그 동네를 벗어났다. 당시 고샅길에서 함께 놀던 동무나 형들은 지금쯤 어떻게 살고 있을까. 기술을 배우고 익혔으면 기술자나 소규모 기업 대표라도 하고 있을 듯하다. 사무직인 나보다 오히려 퇴직 걱정 없이 잘살고 있을 것 같은 생각이 든다.

몇 년 전, 문득 고샅길이 생각나서 일부러 달동네를 찾아갔다. 신작로 삼거리 근처가 산동네 초입인 동네 어귀이지 싶었다. 기억을 더듬어 올라가 보니 주택과 고샅길은 개량되어 모두 새 옷을 입은 듯 산뜻하게 변해 있었다. 집들은 2층 빌라나 다세대주택으로 바뀌었고, 아랫마을 큰 도랑은 복개되었다. 인근에 아파트까지 들어섰다. 내가 살던 집터가 보고 싶었지만 쉽게 찾을 수가 없었다. 가로의 고샅길은 흔적도 없이 사라지고, 세로의 고샅길은 아련한 옛사랑의 추억처럼 긴가민가하였다. 당시 이웃들은 모두 이곳을 빠져나갔을까. 지금쯤은 다들 아파트로 이사 가서 잘살고 있을까. 분명 그랬을 것이다. 아니 그렇게 믿고 싶다.

나는 달동네 고샅길에서 내 존재의 현실과 좌표를 인식했다. 꿈을 이루기 위해선 어떻게 해야 할까. 내가 가장 잘 할 수 있는 건 무엇일까. 어찌해야 정녕 가난에서 벗어날 수 있을까. 스스로의 힘으로 살아가려면 무엇을 선택할지 치열하게 고민해야 했다.

수채화 같은 산동네 고샅길을 떠올리며 내 삶의 초심을 잃지 않기를 기도한다.

# 목격자

휴대전화 벨이 울렸다. 경찰서 형사과라며 신고해 주어 고맙다는 인사를 한다. 그를 시내 모 병원으로 데려갔으며 가족에게 인계하였다고 한다. 병원에 도착 즉시 응급치료를 받았으나 결과는 그리 좋지 않다고 덧붙인다. 나는 더 묻지 않고 전화를 끊었다.

사무실 인근 화단에 사랑초와 철쭉이 활짝 웃고 있던 5월 어느 날이었다. 나는 1층 현관에서 전화 통화를 하고 있었다. 건물 입구에 계단이 있어 제법 높은 위치였다. 정오가 가까운 시각이라 2차선 도로에는 사람들과 차들이 제법 분주하게 오고 갔다. 저만치 길을 걷던 육십 가량 되어 보이는 남자가 갑자기 균형을 잃고 건너편 화단에 넘어졌다가 가까스로 일어서는 모습이 보였다. 때마침 근처를 지나던 중년 남녀가 그를 부축하고 괜찮으냐고 물어보는 듯했다. 괜찮다고 답을 했는지 행인들은 가던 길을 다시 갔다. 그러다 엉거주춤한 자세로 몇 미터를 더 걷다가 근처 벽에 기대어 퍼질러 앉았다. 그는 연신 머리를 끄덕이기도 하고 손으로 얼굴을 감싸 쥐기도 했다.

행인들은 잠시 걸음을 멈추었지만, 그를 힐끗 쳐다보고는 가던 길을 계속 가버렸다. 십 미터 정도 건너편에서 통화하던 나는 '밤새 과음을 하셨나? 아니면 잠시 현기증이 나고 어지러운가 보다. 저러다 곧 일어나 가시겠지' 그리 여겼다. 지나가는 사람들도 무심히 쳐다볼 뿐, 누구 하나 길바닥에 주저앉은 그에게 괜찮으냐고 물어보는 사람은 없었다. 타인에게 무관심하고 사람이 무서운 세태인데다, 그는 마스크까지 착용하지 않았다. 백발이 성성한 노인 한 사람도 자전거를 타고 무심한 듯 그의 앞을 휑하니 스쳐 갔다.

통화를 마치고 다시 사무실로 돌아가려다 아무래도 마음에 걸렸다. 누군가 그를 돌봐주어 집이든 사무실이든 데려다주는 게 필요하지 않을까 싶었다. 그가 응급환자인지 단순 질환자인지 주취자인지 알 순 없지만, 구급차 대신 경찰이라도 불러주는 게 나아 보였다. 경찰청 콜센터로 전화를 걸어 현 위치와 상황을 설명하고 출동을 부탁하였다.

4층으로 올라와서 창문으로 그를 바라보니 여전히 같은 자세로 앉아 있었다. 그가 어서 자리를 털고 일어나기를 내심 기대했으나, 그는 여전히 제자리를 지켰다. 게다가 지구대 출동도 긴급 상황이 아니라고 판단했는지 십 분 이상 걸렸다. 내가 안절부절 초조해하고 있으니 사무실내 의사 겸 변호사가 무슨 일이냐고 물었다. 그는 내 말을 다 듣기도 전에 즉시 그에게로 달려갔다. 그는 변호사이면서 동시에 의사 면허가 있다는 사실조차 깜박 잊고 있었다. 신고 후 바로 그에게 상황을 알렸더라면 어떤 조치를 했을 터인데, 머뭇거리다가 시간은 벌써 이십 분이 경과되었다.

나도 뒤따라 내려갔다. 의사는 환자를 눕히고 웃옷 단추를 풀더니 인공호흡을 시작했다. 환자의 호흡과 맥박이 약하니 인근에 심장 제세동기를 찾아보라 지시했으나 구할 수 없었다. 다행히 오 분 내로 구급차가 달려왔고, 구급대원들이 능숙한 솜씨로 응급환자를 처치했다. 그는 마침내 구급차에 실려 병원으로 향했다.

아차! 내가 큰 실수를 했구나. 나는 목격자로서 그의 생사여탈권을 쥐고 있는데도 우물쭈물하다 방관자가 되어 버렸구나. 눈치 없고 어리석은 나 같은 사람을 만나 그는 중태 내지 사망에 이르게 된 것이 아닐까. 그의 심장 근처에서 피가 제대로

혈관을 타고 흐르는지 머리에서 혈액이 잘 통하는지 나로서는 알 수 없는 영역이다. 그렇지만 그에게 다가가 눈을 마주치고 말투나 안색을 살폈더라면, 바로 119에 신고했을 터인데 이미 한발 늦고 말았다. 실낱같은 희망이지만 그가 중환자실에서 기적적으로 소생하기를 바랐다. 그래야 내가 욕을 덜 먹을 것 같았다.

그는 경제적 어려움은 없는지 말쑥한 옷차림에 깨끗한 얼굴이었다. 몸이 제대로 움직여 주지 않아 아득하고 막막했겠지만, 신중하게 처신하려고 애썼을 것이다. 정신을 차려 앉자. 길바닥에 눕지는 말자. 설마 죽기야 하겠어. 일전에도 이런 적이 있었는데, 그때처럼 조금 앉아 있으면 괜찮아지겠지. 사람들에게 구조 요청을 하는 것도 우스운 일일 터.

내가 만약 그처럼 의식이 저하되고 힘이 빠지는 상태라면 어떤 생각이 들었을까. 그날따라 문득 부모 형제와 유년시절의 내 모습이 생각날 것이다. 한때 잘 나갔던 젊은 날의 추억이 영화필름보다 빨리 휙휙 지나간다. 왜 갑자기 인생이 공허하다는 생각이 드는 걸까. 무언가에 쫓기듯 살아온 인생. 내가 여기서 죽는다면 어찌 되는 걸까. 아이들도 다 컸으니 이쯤에서 이승과 작별하는 것도 나쁘지는 않겠지. 구차하게 삶에 집착하다가는 가족들이 병 수발로 고생할 수도 있는 일. 코앞에 지나가는 행인들이 귀찮게 몰려오지 않는 건 그나마 다행이야. 내 존재의 쓸쓸함이 뼈아프지만, 사람은 어차피 혼자가 아닌가. 어쩌면 삶과 죽음도 서로 연결되어 있으니까.

제대로 걷지 못하는 사람이나 주위에 돌보는 사람이 없으면, 경찰보다는 119에 연락할 일이다. 그가 술에 취했건 잠시 현기증이 났건 그런 건 개의치 말아야 한다. 설사 멀쩡한 사람인데 왜 구급차를 불렀냐고 책망을 받아도 기꺼이 감수해야 한다. 그가 범죄자이든 노숙자이든 사람 목숨은 평등하고 고귀한 것이다.

불현듯 십 년 전에 죽었던 고교동창이 떠오른다. 그 친구도 역시 법원 근처에서 갑자기 쓰러졌다. 변호사로 잘 나가던 친구였다. 인근 식당에서 사람들과 점심을 먹고 나오자마자 쓰러졌다고 들었다. 당시 동료들이 있었음에도 친구의 죽음을 막지 못했다. 실로 사람의 목숨은 정해져 있는 것인가. 멀쩡하게 잘 걷던 사람이 삼십 분 만에 저세상 사람이 되는 것을 보니 인생의 덧없음을 절감하게 된다.

어둠이 깔린 퇴근길, 어디선가 불어오는 바람에 가로수 잎들이 흔들린다. 덩달아 내 옷자락도 바람결에 나부낀다. 저 나뭇잎처럼 나도 언젠가는 떨어질 숙명을 짊어지고 산다. 서로를 가엾게 여기거나 연민하는 마음을 잃어버린 사회 속에서, 생명의 유한성이라는 명제가 새삼 가슴을 먹먹하게 하는 것이다.

# 또 다른 선택

사무실 근처 큰길 건너편에 직업 훈련 실습장이 있다. 어쩌다 그쪽을 지나갈 때면 나도 모르게 실습장 안을 훔쳐보곤 한다. 내부에는 목재를 가공하는 교육생, 타일이나 미장 공사를 배우는 실습생들이 무리 지어 있다. 그들은 강사가 가르쳐 주는 것을 하나라도 더 배우려고 여념이 없다. 바깥은 춘삼월이라 봄꽃이 웃고 있지만, 그들의 얼굴은 동짓달 얼음처럼 굳어 있다.

50대 초반이었던 7년 전, 나는 잘 다니던 은행을 이런저런 이유로 그만두었다. 은행에 다닐 때는 실직이란 말은 나와는 무관한 것으로 여겼다. 실업급여를 수령하면서도 '마음만 먹으면 어느 직장엔들 들어가지 못하랴' 하며 호기를 부렸다. 자만

심이 한동안 하늘을 찔렀지만, 현실은 그리 호락호락하지 않았다. 근거가 없는 자신감이었음을 깨닫는 데는 오랜 시간이 걸리지 않았다. 하릴없이 집에서 뒹굴기를 6개월, 나는 가족에게 커다란 기생충과 같은 존재가 되어 있었다.

문득 십여 년 전에 만난 한 실직자가 생각난다. 내가 지방 T 도시에서 격지 근무할 때의 일이다. 그 지역은 중소조선업체가 산업의 주축인데, 소형선박 수주가 끊겨 조선 불황이 장기화되면서 실업자가 대량 발생했다. 어느 날 점심을 먹고 사무실로 돌아오고 있을 때였다. 40대 초반쯤 되어 보이는 한 남자가 갑자기 길을 걷는 내 앞을 가로막았다. 그리고는 다짜고짜 반말로 내 목에 걸려 있는 목걸이 명찰을 떼라고 소리쳤다. 그의 행색을 보니 조선소 근무복 차림이었고 대낮부터 술이 거나하게 취해 있었다.

"이 사람이 왜 이래?!"

나는 그가 제정신이 아니라고 생각하며 방어 자세를 취했다. 마침 동행했던 직원이 내 팔을 잡아끌고 재빨리 피하지 않았던들 졸지에 봉변을 당할 순간이었다. 내가 자리를 피하자, 그는 몇 걸음 뒤따라오면서 행인들도 아랑곳 않고 나를 향해 계속 욕설을 퍼부어 대었다.

나는 그의 절박한 사회적 고립을 마주하고서도 미친 사람

취급하였다. 직장을 잃은 그의 분노와 절망감이 상대적으로 아직 현직에 있는 내게 적대감을 느끼게 하였으리라. 당시 나는 와이셔츠에 넥타이 차림이었는데 아마도 그에게 해고 통보한 관리직 간부의 모습으로 투영되지 않았을까. 실업으로 인한 심신의 피폐, 가족들 생계 걱정에 안주 없이 소주를 마신 그의 심정을 내가 실업자가 된 후에야 비로소 공감이 되었다.

카프카의 소설 《변신》 속 주인공이 어느 날 아침 갑자기 벌레가 되어 가족들로부터 소외된 자신을 발견한 것처럼, 그때의 그는 얼마나 허무하고 참담했으랴. 사람은 사람 그 자체로 존중받아야 마땅할 터. 따뜻한 공동체 내에서조차 소통이 단절되고 고립되면, 인간성이 상실되는 것은 불을 보듯 뻔한 일이 아닐까.

실직의 고통은 직업을 잃고 장기간 방황해 본 사람만이 알 수 있다. 사람이 먹고살려면 어딘가에서 밥이 나와야 한다. 밥을 얻으려면 돈을 벌어야 하고 일자리를 가져야 한다. 가족들과 생계를 이어가려면 밥벌이는 급선무가 된다. 사람들 대부분이 좋은 직업을 얻으려 공부하고 애를 쓰는 이유는 그럴듯한 직장을 가지기 위함일 것이다.

사람에게 직업은 여러 의미를 갖는다. 그 중의 하나가 한 장의 명함을 가지는 것이다. 가로 9cm 세로 5cm 조그만 종이쪽지 속에는 한 사람의 영혼과 자존, 소속감과 자아의 형상이 오롯이 들어간다. 사람들은 명함을 건네는 사람에게 인사하기보다, 글자가 적힌 종이쪽지에 절을 한다. 직업이라는 자리는 돈보다 더 힘이 세다. 부자에게 고개를 숙이기보다는 직업이 좋은 사람에게 더 잘 보여야 이익이 될 수 있다고 여기는 게 인지상정이다. 사람을 울고 웃게 하는 명함을 가진 자는 비록 노인이라도 어딘가 활기가 넘친다. 젊은 청년이라도 명함이 없으면 초여름에 일찍 떨어진 낙엽처럼 생기가 없다.

명함이 없었던 7년 전, 나는 처자식을 부양해야 할 가장이었다. 아이들이 독립하려면 최소 10년은 더 밥벌이해야 한다고 생각하니 마음이 급해졌다. 당시 이렇다 할 지식이나 재주가 없었던 나에게 절실한 것은 전문 기술과 실력이었다. 정부에서 수업료를 절반 넘게 보조해 준다는 홍보에 나는 망설임 없이 직업전문학교의 문을 두드렸다.

직업 훈련을 가르치는 이 학교에는 불안하고 슬픈 얼굴들이 많았다. 직장이라는 삶의 터전을 잃어버린 사람, 재취업 혹은 창업을 꿈꾸는 사람이 대다수였다. 자격시험을 준비하는 사람들까지 모이니 마치 에베레스트 산정을 오르는 베이스캠프와 같았다. 그들도 나처럼 또 다른 선택의 갈림길에 서 있었을 것이다.

나는 직업상담사 과정에 등록했다. 거기에는 다양한 인생들이 모여 있었다. 3040세대가 대다수였지만 20대와 60대도 간간이 보였다. 기존 직무가 적성에 맞지 않아 재취업하려는 젊은이들, 육아 때문에 단절된 경력을 잇기 위해 나온 주부, 개인사업을 하다가 월급쟁이로 바꿔 보려는 40대 가장, 그리고 나처럼 정년을 채우지 못하고 나온 어정쩡한 중장년세대…. 입학 당시에는 낯설고 어색했는데, 며칠 지나자 학창시절 교실처럼 정겨워졌다. 수업 분위기도 사뭇 뜨거웠다. 반드시 혼자 힘으로 자아실현을 하리라는 비장함 마저 묻어났다.

복도에는 삼삼오오 취업 정보를 주고받는 청춘들이 보였다. 그들의 얼굴에는 미래에 대한 불안감과 초조함이라는 그림자가 짙게 드리워져 있었다. 겉으로는 웃으며 대화하고 있었지만, 속은 시커멓게 타 들어가고 있지 않았을까. 양질의 일자리 얻기가 바늘구멍 통과만큼이나 어려우니, 절망감은 고드름처럼 매달려 있었으리라. 날이 갈수록 녹아 없어지는 희망과 가능성. 속절없는 시간이 흘러갈수록 중압감은 태산처럼 그들의 마음을 짓눌렀을 것이다.

직업전문학교에서 기술을 배우는 한편, 틈틈이 입사 지원을 제출해 보았다. 십여 군데 이력서를 넣었으나 면접을 보러 오라는 곳은 거의 없었다. 고령자이고 학벌이 좋을수록 취업이 어렵다더니 빈말이 아니었다. 한 주 한 주가 지날수록 초조하고 불안하여 더 위축되었다. 온실 속의 화초처럼 직장 생활을 했다가 어려운 고비를 맞닥뜨린 셈이었다. 퇴직하고 보니 세상은 황무지요 허허벌판 그 자체였다.

구직 활동을 하다가 가끔 악연도 만났다. 시청 산하 A 진흥원에서 서류 전형에 합격이라며 연락이 왔다. 지역경제 활성을 돕는 공익 기관이라 내 적성에도 맞았다. 제대로 준비도 없이 면접 전형에 임했다가 최종 낙방했다. 몇 달 후 A 진흥원에서 비슷한 직무로 재차 채용 공고를 내었다. 나는 오기가 생겼다. 이번에도 서류 전형을 통과하고 면접시험을 기다렸다. 비슷한 일을 하는 여러 기관을 방문하여 직무를 공부하는 등 나름 공을 들였다.

두 번째 면접 당일, 면접관들은 나에게 주의를 기울이지 않았다. 면접장에 함께 온 30대 응시자 두 명에게만 많은 관심을 보였다. 나를 지목하고는 지난번에 질문을 다했다며 눈길조차 주지 않는 분위기는 찬밥 신세가 따로 없었다. 망신을 톡톡히 당한 셈이었다.

두 달 후, 다시 B 재단으로부터 서류 합격의 통지를 받았다. 나이 때문에 이번에도 젊은 구직자를 위해 들러리를 서겠다는 예감이 들었다. 면접장에 도착하니, 아닌 게 아니라 면접 대기

자는 모두 젊은이 일색이었다. 아뿔싸! 더 놀라운 것은 몇 달 전 나에게 망신을 준 그 면접관이 또 앉아 있는 게 아닌가. 기가 막혀 나도 모르게 헛웃음이 나왔다. 알고 보니 A 진흥원과 B 재단은 시청 산하 공기업이었고, 그는 두 군데 면접에 모두 관여했다. 공직을 정년퇴직하고 칠순에 가까운 나이에도 견고한 철밥통을 가진 면접관. 그런 그의 명함 앞에 고개 숙이며 계약직이라도 간청하는 밥벌이 후보자가 나였다. 그날따라 내 밥그릇이 한없이 초라하게 느껴졌다.

면접을 보는 둥 마는 둥 하고 밖으로 나왔다. B 재단 현판이 나를 쳐다보며 고개를 내젓고 있었다. 어깨를 늘어뜨리고 터벅터벅 걷는 내 눈에 보도블록 틈새에 돋아난 민들레와 씀바귀가 보였다. 사람들 발자국에 밟히거나 질풍에도 기어코 버티는 저 생명들. 휘어질망정 꺾이지 않는 그들의 모습에 나는 한참 동안 그 자리에 서 있었다.

돌이켜보니 은행 명함을 지갑에 넣고 다녔던 과거 출근길은 행복한 길이었다. 직업인들은 다람쥐 쳇바퀴 도는 직장 생활에 염증을 느낀다지만 내 생각은 다르다. 저녁이 있는 삶이 보장되는 직장, 고액 연봉과 안정된 복지후생이 있는 일터, 적성과 흥미에 맞고 제법 폼도 나는 일자리가 얼마나 있겠는가. 공급과잉의 이 시대에 땀 흘려 번 돈으로 구입한 밥 한 그릇의 소중함이 삶의 의미가 아닐까.

직업전문학교는 기술 외에도 잊지 못할 교훈을 주었다. 욕심을 내려놓고 낮은 곳을 바라보라는 것이었다. 알량한 자존심이나 체면 따위는 버리라고 주문했다. 뻣뻣했던 내 허리를 더 굽히라고 죽비로 사정없이 내리쳐 주었다. 박봉일망정 일할 수 있다는 사실 하나로 만족하라고 강조했다. 길이 없으면 길을 찾고, 그래도 보이지 않으면 길을 만들라고 마음의 회초리를 내게 던졌다. 하늘은 스스로 돕는 자를 돕는다는 말을 덧붙이면서.

그 후에도 몇 번의 이력서를 넣고 면접도 보았다. 덕분에 지금은 새로운 직장에서 점점 자리를 잡아가고 있다. 과거와 업종이 다른 직무지만, 신참의 자세로 열정을 쏟으며 겸허하게 일하고 있다. 직업전문학교 시절은 내 삶에서 진정한 배움의 여정이었다. 은행이라는 일터 1막과 현재 직장인 2막 사이에 있던 인생의 막간이었다.

실직 상태였던 그때 우연히 들었던 탁닛한 스님의 한마디가 지금도 내 귓전을 맴돈다.

"슬픔에게도 미소를 보내라. 왜냐하면 그대는 슬픔 이상의 존재이기 때문이다."

| 작품 해설 |

# 체험과 성찰로 직조된 인간 서사

**박양근**(문학평론가, 부경대명예교수)

사람은 기억하며 살아가는 동물이다. 과거의 지난 체험이나 사건을 이야기하고 글을 쓴다. 말과 글은 지나온 일정과 과거를 기억해 주면서 그 순간이 인생을 결정하였고 자신을 송두리째 바꾼 시점임을 알려준다. 잊고 싶었던 악몽도 그 순간에 포함된다.

작가는 그 한때를 머리와 가슴으로 의식하면서 기록이라는 창조를 이룬다. 그리고 기록함으로써 변한다. 진보, 성숙, 발전과 동일한 의미로서 삶을 변화시켜 나가는 능동적인 역량을 우리는 창작이라고 말한다. "진정한 자아"로 나아가는 행로를 설계하고 건축하는 동안 인생 철학이 구체화되고 작가라는 새로운 자아가 더욱 단단하게 형성되어 간다.

오늘날 인간 서사의 주인공은 고대 희비극에 등장하는 영웅과 다르다. 살아가는 방식이 다양해지고 다수의 작은 인물들이 역사를 이루어간다. 따라서 오늘날 중요한 것은 중세적인 행동이 아니라 삶의 의지를 가진 보통 사람들의 행동이다. 오후의 권태를 커피로 죽이는 그들이 아니라 지하철을 타고 자판기를 누르며 살아가는 이들이다. 이들이 주변 사람들에게 감정 이입을 시킨다.

이성환 작가는 보통 사람들의 인간 서사를 꾸준히 직조해 온 수필가다. 경험과 사건을 자신의 언어로 말하고 자신의 머리와 가슴으로 성찰함으로써 독자가 만나고 싶은 "진정한 자아"를 거듭 태어난다. 그렇다. 그는 수필이라는 대본을 쓰고 인생을 실연實演한다. 흙수저로 태어난 고난을 극복하고 서민들의 고만고만한 삶을 대변한다. 자신에게 주어진 일자리에 만족하고 부모에게 집을 사 주고 자식이 잘 되도록 닦달하는 아버지이며 아내에게 늘 미안하지만 한 번씩 큰소리치고 싶은 가장이다. 책을 읽고 글을 쓰면서 인문학적 인간이 되려고 수행한다. 이런 모습은 작으나 단단한 시민 영웅을 연상시켜 준다.

이성환이 상재한 《마이너스의 손》은 삶의 빛과 그림자를 프리즘처럼 퍼뜨리는 수필집이다. 왜 미다스의 황금 손이 아니라

적자 인생을 뜻하는 제목을 선정했을까. 실제 그의 삶의 상당 부분이 좌절과 미완이었고 고전적인 성공담보다는 오늘의 보통 사람이 그렇듯이 '불운함'의 서사로 이루어져 있다. 조셉 캠벨은 그의 저서 《천의 얼굴을 가진 영웅》에서 모든 인간의 인생은 영웅의 여정이라는 요소를 지닌다고 말하면서 "영웅이란 자신의 힘으로 자아 극복을 위한 기술을 완성한 인간"이라고 하였다. 그것은 성패보다는 인생 모험의 과정을 더 중시한다는 의미다. 그 점에서 그의 수필도 삶의 진경(眞景)이며 명징한 무게감을 지닌 인간 서사라고 평할 수 있다.

## 1. 자아와 시대를 직조한 서사

이성환의 인생은 그림자와 빛이 교차하는 형국이다. 때로는 허리를 굽히기도 하지만 갖가지 시련에 도전하는 그의 모습은 태양을 향하여 두 손을 펼친 조각상을 연상시켜 준다. 격동의 시기를 거친 지금은 고요한 평심으로 지난 사변을 소재로 다채로운 글쓰기를 한다. 우화적 기법, 전기적 연대기, 평전 같은 서사를 병행하면서 자신의 인생과 동시대의 풍경을 나란히 서술한다. 삶과 시대를 엮은 3부작을 예로 들면 〈서울쥐 시골쥐〉와

두 젊은이 사회 입문을 다룬 〈월광지공月光之功〉과 자전성이 현저한 〈또 다른 선택〉이다. 이 작품들은 현재를 서술 시점으로 하면서 사는 것이 무엇인가라는 보편적 주제를 다룬다.

〈시골쥐 서울쥐〉는 우화와 논픽션을 합친 형식으로 인간은 어디에 살든 나름의 장단점이 있다는 상반된 처세를 대비시킨다. 1970년대의 대부분 젊은이들은 시골 출신이었다. 수도권 지역의 스마트한 젊은이들과 달리 성장 여건이 열악한 그들은 장년기까지 경제적으로 취약했다. 시골 출신의 젊은이는 시골 쥐처럼 한때나마 서울 맨이 되어 경쟁 사회에 적응했지만 녹록하지 않은 현실에 좌절당한 경우가 대부분이다. 작가도 가정이라는 가난한 조건에서 벗어나기 힘들었다.

시대의 일원으로서 작가가 취하는 서울로의 행진은 당당했다. 당시 성공한 젊은이의 표상은 하얀 와이셔츠와 넥타이와 명함이다. 은행원으로 잘 나가던 모습은 직장과 주경야독을 함께 했던 〈월광지공月光之功〉에서 살필 수 있다. 약관의 나이에 서울에 있는 은행과 대학에 다니는 '양복 입은 대학생'이 되어 야간 강좌를 들은 후 "달빛을 머리에 이고 기숙사로 돌아오는 길"은 늘 뿌듯했다고 회상한다. 하지만 98년 여름날에 닥쳐온 IMF는 그에게는 정신적 충격을 안겨 주었고, 그의 친구에게는 불굴의 의지와 무기력한 굴복 간의 양자택일을 하도록 한다. 이로써 그는 삶의 전반기에는 나름의 먹잇감을 차지하며 서울쥐처럼 살았던 시기라면, 후반기에는 역경과 고군분투가 상대적으로 두드러진다.

시중 은행에서 장기근속한 후, 작가는 50대 초반의 나이에 명예퇴직을 한다. 그 순간 "실직, 실업 급여, 기생충"이라는 생소한 언어가 자신을 옥죄면서 '또 다른 선택'을 하여야만 하는 외통수 신세가 되었음을 절감한다. 그런 경우 카프카 소설 《변신》의 주인공처럼 좌절하기 쉽지만, 작가는 노동형 인내가 체질화되어 가장으로서의 책임과 기력을 힘주어 붙잡는다. 그 심적 분기점을 그려낸 작품이 〈또 다른 선택〉이다.

> 사람에게 직업은 여러 의미를 갖는다. 그 중의 하나가 한 장의 명함을 가지는 것이다. 가로 9cm 세로 5cm 조그만 종이쪽지 속에는 한 사람의 영혼과 자존, 소속감과 자아의 형상이 오롯이 들어간다. 사람들은 명함을 건네는 사람에게 인사하기보다, 글자가 적힌 종이쪽지에 절을 한다. 직업이라는 자리는 돈보다 더 힘이 세다. 부자에게 고개를 숙이기보다는, 직업이 좋은 사람에게 더 잘 보여야 이익이 될 수 있다고 여기는 게 인지상정이다.
>
> – 〈또 다른 선택〉 일부

'명함'은 직업인으로서의 당당한 신분을 표시해 준다. 그러므로 직책과 신분을 잃은 실직자로서의 무력감은 이루 말할 수가 없다. 그 위기와 악조건을 이겨낸 자신을 지켜보는 작가는 조셉 캠벨이 말한 '천의 얼굴을 가진 용사'로서 자신의 영웅 본색을 생생하게 묘사하려 한다.

중년 가장으로서 그에게 절실한 것은 인생을 재활하려는 노력이다. 재취업준비를 위해 직업전문학교에 등록한 후 직업상담사 과정을 이수하면서 틈틈이 입사 지원을 제출한다. 직업전문학교에서 수강하다 보면 겉으로는 태연할지라도 속은 시커멓게 타들어 간다. 일자리가 바늘구멍만큼이나 좁아 기대했던 면접에 낙방할수록 절망감은 커지고 희망은 줄어든다. 이것이 중년 삶의 실상이다.

그의 작품 배경이 되는 시대는 암울하다. 하지만 작가는 인격적인 면에서 미다스의 손과 마이너스 손이 어떤 차이가 나는가를 다루는 인생 수업 현장으로 바꾼다. 변호사 사무실에 근무하면서 "욕심을 내려놓고 낮은 곳을 바라보는" 인생철학을 습득한다. 은행이라는 1막과 변호사 사무실인 2막 사이의 "인생의 막간"은 일생에서 귀중하고 "진정한 배움의 여정"을 펼치는 무대인 셈이다.

이성환의 인생 철학을 반영하는 사물은 지금은 거의 사라진 주판이다. 주판은 은행 직원에게는 근무 도구이지만 〈셈법〉은 세상사를 풀어가는 기호가 된다. 흔히 자신만의 이익을 위해 궁리를 하는 것을 '주판을 튕긴다'라고 비유하듯이 세상에는 셈이 밝은 사람이 있는가 하면 그것에 어두운 사람도 있다. 작가는 돈과 법이 지배하는 곳에 근무하면서 세상의 속성과 인간의 본성을 누구보다 잘 알게 된다.

> 상업을 배웠고 주산도 할 줄 알지만, 나는 계산에 밝지 못하다. 스스로 숫자에 치밀하지 못해 자주 손해를 보았다. 이렇다 할 재주나 눈치마저 없어 남보다 앞서지도 못했다. 그런 나이기에 계산적인 사람보다 어딘가 어수룩한 게 더 좋다. 그는 무언가를 재거나 따지지 않을 것이며, 부풀려 포장하고 꾸미라고 해도 그러지 않을 것이다.
>
> – 〈셈법〉 일부

"상업을 배웠고 주산도 할 줄 알지만, 계산에 밝지 못"한 그는 세상 물정에 아둔한 사람이 되기를 원한다. '생글생글 웃으면서 뒤로는 계략을 숨기는 인간'과 '고급 자동차를 타고 정상에 올라가는 부류'를 멀리하고 배낭을 메고 땀 흘리며 정상에 올라가는 사람들과 사귀기를 바란다. 방법이 결과의 차이를 만든다는 것을 안다. 그렇더라도 지척에 있는 사람의 속이나마 제대로 헤아릴 줄 알기를 선택한다. 배려와 겸손을 존중하는 인격체로의 등극을 이상화한 점에서 〈셈법〉은 그의 삶의 나침반이자 인생 낙관이라고 할 만하다.

인간은 사회적 동물이다. 사람과 사람이 소통하고 더불어 살아야 한다는 의미에서 사회적 동물이지만, 중요한 것은 사회적 인격체가 되어야 한다는 사실이다. 이 점을 작가는 자신의 삶과 사회 현상을 버물려 느리더라도 옳게 사는 방식을 지지한다.

## 2. 진정한 마이너스와 허식의 미다스

이성환은 인간 생활에서 서사성을 찾아내는 시학을 선호한다. 인간은 누구인가를 탐색하는 그의 글은 형식적 격식을 미화하거나 자연을 찬미하는 경우와 달리 땀과 눈물의 이야기를 생산한다. 대중교통을 이용해 출근하고 사무실에서 늦도록 일하고 가족과 함께 주말을 보내는 것을 행복으로 여기는 시선은 인간의 진실성과 도리에 초점을 맞춘다. 이것은 키츠가 말한 '진실하므로 아름답다'는 인생의 조건이기도 하다.

표제작이면서 대표작인 〈마이너스의 손〉은 “가난하다는 것은 재복이 없다”는 명료한 문장으로 시작한다. 그에게 가난은 철학이나 문학적 수식이 아니라 “생활고, 궁색, 빈곤의 나락, 궁핍, 고생”같은 현실적 고난이다. 그렇더라도 그의 논조는 허무적이거나 절망적이 아니며 사회 개혁을 주장하는 논쟁도 아니다. 그것보다는 가난을 인류 공통의 시련으로 받아들이고 공감의 문맥을 통해 자신과 주변 사람 간의 인간애를 형성하도록 한다.

그가 근무하는 사무실은 법적 어려움에 처한 사람들이 찾아오는 곳이다. 민사적이든 형사적이든, 피해를 보았던 주었든, 마지막 해결책은 법의 힘을 빌리는 것이다. 작가는 그들의 심정을 동병상련의 마음으로 도와주려 한다.

그 직분을 실천한 예 중의 하나인 〈마이너스의 손〉은 프랜차이즈 창업에 실패한 부부의 회생 절차를 다룬다. 두 부부는 성실하고 남에게 피해를 주지 않았지만 각박한 현실에 좌절하였다. 작가는 그들과 상담하면서 “재복이 없는 박복한 사람들”이라 부른다.

> 상담이 길어지면서 그도 나처럼 세상 물정을 모르는 책상 물림이 아닐까 싶었다. ‘돈 되는 일’에는 지극히 인연이 없는

그와 나. 더더구나 '돈 버는 재주'에는 수완이 없어 늘 마이너스인 내 손과 그의 손. 그도 나도 돈벌이에 관심은 많았지만 면밀한 사전 분석과 안목이 없었다. 남의 말을 곧이곧대로 믿은 게 잘못일 것이다. 그도 나도 책 냄새는 좋아하지만 돈 냄새는 잘 맡지 못하는 사람인 것은 틀림없다.

– 〈마이너스의 손〉 일부

작가에게는 그들을 도와줄 금전이 없다. 그가 할 수 있는 최선의 방책은 의뢰인에게 필요한 서류를 빨리 만들어 제출하는 것이므로 남들이 쉬는 명절 3일 동안 출근한다. 자신의 휴가 시간을 희생하여 남을 도우는 일은 생각만큼 쉽지 않다. 펜을 쥔 그의 손이 무슨 손인가를 문학적으로 풀이하면 황금으로 바꾸는 미다스의 손이 아니지만 그렇다 하여 마이너스 손도 아니다. 그는 돈을 벌지 못하는 마이너스의 손이지만 물질적으로 따질 수 없는 배려와 공감이라는 인간애를 베푸는 점에서 미다스의 손이 되었다. 모든 사람들은 행운을 기대하지만, 재물의 신은 선악을 제대로 가리지 못하는 맹목의 눈을 가지고 있다. 사람은 마음먹기에 따라 자신의 손을 미다스의 손으로 바꿀 수 있다. 인간에게 두 손을 허락한 것은 한 손은 자신을 위해서, 다른 손은 다른 사람을 도와주라는 의미가 아닐까.

세상을 보는 그의 관점도 비범하다. 일상화된 사물이 그의 시선에 포착되면 새로운 의미를 생성하는 소재로 변한다. 단순히 물상으로 보지 않고 이차적 상상을 통하여 '인생에서 어떤 의미를 지니는가'라는 인식력을 발휘하기 때문이다. 이러한 작가적 해석력은 청년 시절부터 키워 온 독서 이력과 만기晩期의 학습으로 지성과 감성을 균형 있게 키워 온 인생 편력에서 유래한다. 은행에서 돈과 인간의 욕망을, 변호사 사무실에서 법과 인간의 선악을 남다르게 성찰한 노력의 결실이기도 하다. 가난한 성장환경과 교육적 열성과 인간에 대한 남다른 배려가 그의 수필을 인간 서사로 발전시키는 동력인 셈이다.

〈그릇〉은 아량과 인품의 정도를 은유한 작품이다. 재래시장의 주방용 도매상을 지나가던 작가는 그릇을 지켜보면서 분수의 중요성을 깨우친다. 그릇과 인격을 동일시할 때 픽업되는 담론은 '적절, 중용, 절제'와 같은 인격체의 미덕이다. 아무것도 담기지 않았을 때보다 적절하게 채워질 때 그릇은 제구실을 하고 채워진 물체도 제 모습을 갖춘다. 어떤 사람들은 덜 채워진 곳에 더 담으려다 있는 것마저 흘려버린다. 가득 차면 급기야 엎질러지는 것은 사람의 마음도 마찬가지다. 그것이 분수이고 도량이다. 삶의 행복과 만족은 얼마만큼 겸손하게 절제하느냐에 달려 있을 것이다.

작품이 채택한 소재들은 누구든 쉽게 접할 수 있는 것들이다. 토큰 지갑, 버스 좌석, 뒤풀이 소주와 새우깡, 제복, 주방기구, 동네 목욕탕과 이발소는 서민에게는 더 없이 편리한 생활 방편이다. 작가는 이러한 것들을 소재로 미다스의 손이 아니라 생계형 샐러리맨의 손으로 빚은 애환이 깃던 인생사를 짠다.

〈토큰 지갑〉은 결혼하기 전 아내를 만날 때 버스를 타고 데이트했던 어수룩한 때를 배경으로 헛됨이 없는 '근검절약'의 생활을 신뢰한 글이다. 토큰 지갑이 지닌 상징은 인간 이성환이 누구인가를 알려주는 점에서 자화상다운 작품이라 할 만하다.

> 당시 토큰 지갑은 가난했던 내 삶의 표상이었다. 학창 시절을 보냈던 달동네 허름한 집을 군 제대 후 처분하고, 그동안 모은 돈과 은행 대출을 합쳐 그럴듯한 2층 양옥집을 샀다. 명의는 아버지로 하고 나는 대출을 안았다. 객지에서 주경야독하랴, 가족의 주거안정용 대출이자까지 부담하랴, 그때는 근검절약이 최선의 방책이었다.
>
> – 〈토큰 지갑〉 일부

승용차가 일반화된 오늘을 기준으로 보면 토큰 지갑이 남성의 소심함과 궁색함을 나타내는 소지품에 불과하다고 반론을 제기할 수 있다. 그것은 독자 자신의 허식과 허영을 보여주는 글 읽기에 불과하다. 작가의 청년기를 상징하는 토큰 지갑은 무엇보다 "나는 숨기지 않는다. 진실은 강하다"는 문학적 추동력이라는 점에서 의미가 깊다. 우리는 그의 수필을 대할 때 '최선이 삶의 방식'이라는 진의를 곱씹을 필요가 있다. 이성환은 남성의 체면과 인간의 가식에 가려졌던 이면을 정직하게 까발릴 정도로 믿을 수 있는 화자에 속한다. 품격을 따지는 선비형 수필에서 이런 진솔의 진리성을 기대할 수 없다.

나아가 드러내기라는 화술로 〈버스 좌석〉, 〈새우깡 한 봉지〉, 〈칠천만 원짜리 이발〉 등을 연이어 발표하였다. "버스 의자에는 분수를 지키는 정신이 배어 있으니 앉는 사람도 잠시나마 분수의 예법을 배울 것이다."(〈버스 좌석〉 일부) "새우깡은 화장기 없는 민낯 그대로다. 생김새도 허리를 숙인 낮은 자세여서 겸손한 매력도 있다."(〈새우깡 한 봉지〉 일부) "가위질 소리가 잦아들고 이발을 마칠 즈음, 문득 그가 진짜 도사道士가 아닐까 하는 생각이 들었다.(〈칠천만 원짜리 이발〉 일부) 등은 작가의 진실성이 '무위자연'으로 향하고 있음을 보여준다.

위에서 소개한 구절들은 작가가 겪은 마이너스적인 인생과 미다스적인 이상간의 반전을 응축시킨 예시이다. 동양 산문에서는 이 부분을 혈穴, 서양 에세이에서는 메시지라고 부르지만 아포리즘으로서 격언 역할을 한다는 공통점을 지닌다. 문학적 고리에서 살펴보면 이성환 작가는 금전에서는 마이너스의 손을 가졌다 할지 모르나, 인간애에서는 따뜻한 미다스의 손을 내밀고 있다.

## 3. 물상의 해석학

인간이 지닌 존재성은 생각의 유무에서 시작한다. 나는 누구인가, 저것은 무엇인가, 왜 살아야 하는가, 인간을 존재케 하는 이런 생각은 성찰, 사유, 통찰, 영감, 상상 등 모든 지적 반응을 포함하는 것으로 문학에서는 필수적 조건으로 간주된다. 얼마나 깊고 남다르게 살펴보는가, 얼마나 자신답게 보는가라는 시선과 시각이 작품의 수준을 정한다는 점을 작가는 잘 알고 있다. 일반적으로 살펴도 해석과 시선은 작가를 에워싼 환경과 심리적 상황에 의하여 좌우된다.

이성환 수필이 지닌 장점 중의 하나는 사물에 대한 이해도다. 물상에 대한 잘 익은 해석이 그를 관찰자이면서 서술자로 만든다. 가난한 달동네 학생이었고 성실한 은행 직원이었고 지금은 변호사 사무실에서 근무하는 그가 세상을 바라보는 눈은 '돈과 법'이 아니라 작가로서의 통찰의 안구眼球다. 이런 남다른 해석력으로 이루어진 첫 작품이 〈인생의 저울〉이다.

변호사 사무실에서는 갖가지 사건이 다루어진다. "법률 서류는 한 사람의 과거 인생을 고스란히 보여 준다"는 그의 말처럼 실패와 좌절, 고뇌에 찬 얼굴, 행복과 불행이 사건마다 엉켜있다. '법은 실패한 사람이나 속은 사람이나 가난한 자는 구제하지 못한다'는 그의 지적은 현실이 얼마나 엄중하고 냉정한가를 보여준다. 작가는 〈인생의 저울〉을 끌고 가는 모티브인 소송 사건으로 사람의 탐욕을 지적한 반면에, 구례에서 보았던 쌀독으로는 기부 정신을 내세운다. 쌀독은 쌀이 필요하면 누구든 가져가라는 종갓집의 기부 정신이다. 이것이 소송 서류라는 물상을 합쳐 풀어낸 것이 '메멘토 모리', 죽음을 기억하라는 말이다. 누구나 죽는다는 공통 운명을 기억하면 법이 아닌 저울로 인생을 측량할 수 있을 것이다.

〈인생의 저울〉과 짝을 이루는 〈목격자〉도 자아와 타인간의 관계를 설정한 작품이다. 사무실 창문으로 거리를 내려다보았을 때 우연히 어떤 행인이 바닥에 주저앉는 것을 발견한다. 인공호흡을 배운 변호사와 함께 내려가 고령의 행인이 간호를 받을 동안, 자신은 단순한 방관자일 뿐 도움을 주는 참여자가 되지 못했음을 자각한다. 이런 괴리감을 통해 자신의 자아가 어디에 있는가를 새삼 살펴보게 된 그는 사람과 대상을 대할 때마다 "범죄자이든 노숙자이든 사람 목숨은 평등하고 고귀한 것이다"라는 휴머니즘을 재확인한다. 나아가 인간이란 어둠에 덮인 가로수 나뭇잎처럼 언젠가는 떨어질 숙명을 안고 있으므로 인간은 더욱 서로를 공경하고 배려하여야 한다는 사유에 다다른다.

이성환의 인생 서사는 삶과 사회 현상을 바탕으로 한다. 당연히 가족사도 작품 질량과 정서면에서 상당한 무게를 갖는다. 〈홍두깨〉는 앞서 아내와의 일화를 다룬 〈토큰 지갑〉처럼 어머니를 회상하는 동시에 자아 성찰의 수단이기도 하다. 국수를 말 때 사용하는 긴 방망이인 홍두깨는 여성 작가가 주로 다루는 소재이지만, 어머니의 지난한 삶을 바탕으로 홍두깨와 밀가루 간의 관계를 살펴 고단한 자신의 삶을 떠올린다. 사물에 대한 성찰과 인생에 대한 은유가 돋보이는 부분이다.

> 슬픈 날에는 어느 순간 밀가루 반죽이 자신인 양 착각도 들었을 것이다. 홍두깨가 밀면 늘어나는 반죽이 되고, 방망이에 짓이겨져 널브러질 수밖에 없는 고단한 인생. 푸석푸석

하고 너덜너덜한 육신을 흘러내린 눈물로 반죽하여 칼국수를 삶고 수제비를 끓였으리라. 뜻대로 되기 힘든 현실이니 그저 순응할 수밖에 없었을 터. 방구석에 놓인 홍두깨에 등을 기대며 억척같이 버티는 게 상책이었으리라.

– 〈홍두깨〉 일부

〈홍두깨〉는 의미망과 언어망이 어울린 대표작이다. "방망이에 짓이겨져 널브러질 수밖에 없는 고단한 인생"이라는 명제는 홍두깨와 어머니와 밀가루 반죽과 자신을 동일한 언어망에 올려 얻은 것이다. 나아가 지성과 감성, 현실과 상상, 회상과 성찰이라는 의미망을 만들어 인생은 "홍두깨의 등을 기대며 억척같이 버티는 게 상책"이라는 요지도 이끌어낸다. 수필에서 서술자와 주인공 간의 거리 설정이 어려운 이유는 작가 자신을 객관적으로 출현시키기가 어렵기 때문이다. 하지만 이성환은 밀가루 반죽에 처연하면서 질긴 감정을 이입하여 고통받고 희망을 발견하는 모자간의 감정 이입을 사렸다. 사물에 대한 입체적 조망이 안정되어 있다는 증거로 삼을 만하다.

〈기소 유예〉는 부동산 재테크의 실패를 위트와 해학으로 풀어낸 문제작이다. 작가는 은행에서 오랜 기간 근무하였지만, 보통 사람들이 예상하는 것과 달리 아파트를 매매할 때마다 손해를 본다. 가난한 아버지를 위해 은행 대출을 받아 아버지 명의로 아파트를 사 줄 만큼 재테크에 한이 맺혔지만, 제때 팔리지도 않고 팔고 나면 값이 오른다. 몇 차례 이사를 거듭하는 동안, 결과가 신통찮아 아내에게 믿음을 주기는커녕 실망을 안겨주었다. 그러나 이 작품의 본질은 개인적 실망이 아니라 투기 사회에서 열심히 노력하지만 꿈을 이루지 못한 사람들을 대신하여 실물자산의 부작용을 비판하는 것이다. 그렇다면 가족을 위한 재테크에 실패한 가장은 어떤 벌을 받아야 할까.

타인에게 재산상의 이익을 주고 가족에게는 손해를 끼친 배임죄가 첫 번째요, 3년간 가족 곳간을 채우기는커녕 도리어 축낸 직무 유기가 두 번째 죄목이다. 작은 이익을 탐하다 눈앞의 큰 기회를 간과하였으니 소탐대실 죄가 마지막 죄목이다. 최종적으로 아내에게 송치된 이 사건은 다행히 정상이 참작되었다.

2020년 가을, 내 이름 석 자에 기소 유예라는 빨간 줄이 그어졌다.

– 〈기소 유예〉 일부

작가는 "3년간 입술이 부르트도록 달렸건만 부동산 번지수를 잘못 짚었다."고 자학하듯이 재산을 일구지 못한 책임을 자신에게 지워 기소 유예 처분을 내린다. 〈기소 유예〉에서 말하려는 진의는 정부의 정책은 부지런히 노력하는 자가 좌절하지 않도록 하는 게 중요하다는 것이다. 치수治水가 고대 정치의 본분이라면 현대는 치옥治屋이 공정한 정책이 되어야 한다는 점에서 사회 모순을 예리하게 지적하는 그는 작으나 강한 시민 영웅이라 하겠다.

이성환이 물상을 해석하는 중심에는 항상 삶에 대한 성찰이 자리한다. 그의 수필적 자산이라면 자아의 체험을 통하여 사물을 해석하고 물상을 통하여 사회의 음영을 고발하는 시선이다. 물상과 의미의 결속이 개성적인 문학성을 부여하고 선형적 의미 확장을 생성한다는 점에서 그의 해석력에 주목하는 것이다.

## 덧붙여

개인의 인생 편력은 정도의 차이는 있으나 인간 서사의 일부로 자리한다. 개인과 사회 간의 상호 관계를 얼마나 깊게 인식하고 작품화하느냐에 달려 있다는 말이다. 그러므로 작가의 기억과 상상은 보통 사람들의 그것과 달라야 한다. 겉치레 수식과 분식을 거부하고 진솔한 문장으로 삶의 빛과 어둠을 성실하게 표현하면 그 글은 겨울을 온몸으로 견뎌낸 나무 같은 감동의 나이테를 감아 나갈 수 있다.

이성환 작가의 수필은 개인과 인간, 체험과 상상, 언어와 의미간의 소통을 부단하게 추구하는 서사성과 서사구조를 지닌다. 문장과 행간 사이의 간격이 없다고 할 정도로 질박한 이야기와 긴장된 문형이 교차한다. 좌절과 실의가 가득한 사회에 희망의 봉홧불을 올리는 음성도 큰 파장을 일으킨다. "나는 숨기지 않는다. 진실은 강하다"는 메시지와 "홍두깨에 등을 기대며 억척같이 버티는 게 상책"이라는 고백은 수필의 본령에 다가선 작가의 음성이다. 그리하여 작가 이성환과 인간 이성환의 존재를 함께 보여주는 담론이 벽돌처럼 쌓이게 되었다.

《마이너스의 손》은 작가의 자화상이자 우리 사회의 초상이다. 수필이 작가에게 요청하는 개인적이면서 사회 반영적인 소재에 대한 집중력, 인간의 삶에 대한 성찰, 자신의 삶을 표백한 정직성이 상호 조화와 균형을 이루고 있다. 이러한 장점 덕분에 이성환의 작품들은 진솔한 자서와 명상적 팡세로서 자리매김하는 것이다.

**이성환 수필집**

마이너스의 손

**인 쇄** 2022년 8월 19일
**발 행** 2022년 8월 26일

**지은이** 이성환
**발행인** 서정환
**발행처** 수필과비평사
**주 소** 서울시 종로구 삼일대로 32길 36(익선동 30-6 운현신화타워 빌딩) 305호
**전 화** (02) 3675-3885 (063) 275-4000 · 0484
**팩 스** (063) 274-3131
**이메일** sina321@hanmail.net essay321@hanmail.net
**출판등록** 제300-2013-133호
**인쇄 · 제본** 신아출판사



ISBN 979-11-5933-406-1 (03810)
값 13,000원

본 도서는 2022년 부산광역시, 부산문화재단 〈부산문화예술지원사업〉의
지원으로 제작되었습니다.